DXを成功に導く

マスターデータマネジメント
Master Data Management

データ資産を管理する
実践的な知識とプロセス **43**

データ総研・伊藤 洋一【著】

DATA UTILIZATION

SE
SHOEISHA

▦ 本書内容に関するお問い合わせについて

　このたびは翔泳社の書籍をお買い上げいただき、誠にありがとうございます。弊社では、読者の皆様からのお問い合わせに適切に対応させていただくため、以下のガイドラインへのご協力をお願い致しております。下記項目をお読みいただき、手順に従ってお問い合わせください。

◆　ご質問される前に

　弊社Webサイトの「正誤表」をご参照ください。これまでに判明した正誤や追加情報を掲載しています。

　正誤表　https://www.shoeisha.co.jp/book/errata/

◆　ご質問方法

　弊社Webサイトの「書籍に関するお問い合わせ」をご利用ください。

　書籍に関するお問い合わせ　https://www.shoeisha.co.jp/book/qa/

　インターネットをご利用でない場合は、FAXまたは郵便にて、下記“翔泳社 愛読者サービスセンター”までお問い合わせください。

　電話でのご質問は、お受けしておりません。

◆　回答について

　回答は、ご質問いただいた手段によってご返事申し上げます。ご質問の内容によっては、回答に数日ないしはそれ以上の期間を要する場合があります。

◆　ご質問に際してのご注意

　本書の対象を超えるもの、記述個所を特定されないもの、また読者固有の環境に起因するご質問等にはお答えできませんので、予めご了承ください。

◆　郵便物送付先およびFAX番号

送付先住所　〒160-0006　東京都新宿区舟町5
FAX番号　　03-5362-3818
宛先　　　　（株）翔泳社 愛読者サービスセンター

はじめに

◆ **執筆にあたっての背景**

　本書は2023年の春から年末にかけて執筆しました。その間、DXとデータ活用推進の波が高まり、データ活用基盤の構築が急務となっています。また、業務システムの老朽化に伴う再構築も一層強まり、どの企業もエンジニア不足が経営課題となっています。

　この経営課題を解決するには、専門家からの支援や社外から引き抜くといった対策が挙げられます。しかし、そもそも業界全体で人材が不足していることから、外部の力を借りるにも限界が見えています。このことから、業界全体としては、内製化の方向に舵を切り始めています。

　内製化とは、自社の社員を育成し、自社だけで課題に取り組むことを指します。内製化を推進する企業では、業務部門とIT部門が一体となったチームを組み、業務部門が主導してシステム開発の業務要件定義を行うという「本来のあるべき姿」に戻りつつあります。これにより、業務部門とIT部門のコミュニケーションが活発化し、「業務がわからない」というIT部門の課題も解消され始めています。

　しかし、内製化には2〜3年周期で訪れる部署異動に伴う問題が生じます。その問題とは、「技術と知識の断絶」による組織の停滞です。業務要件定義のやり方を覚えるだけでもそれなりの期間を要するため、内製化を掲げる企業にとって、部署異動は本当に望ましいか考える必要があります。是非については、経営者が慎重に考えるべき課題です。

　マスターデータマネジメント（Master Data Management：MDM）は、マスターデータの統合要件がある限り求められます。統合要件が伴う主な経営戦略は、DX戦略、組織戦略、M&A戦略です。

　これらの戦略はいずれも企業の舵取りに大きな影響を与えるため、失敗は許されません。これらの戦略において、次のような理由から、マスターデータの一貫性と信頼性は強く求められています。

- DX戦略では新サービスの意思決定を左右する
- 組織戦略ではデータの持つ意味や解釈を揃えた意思決定を左右する
- M&A戦略ではデータの持つ意味や解釈を揃えた業務プロセスの効率を左右する

　MDMの実現は、従来はマスターデータの基盤作りを指していましたが、現在はそれだけでは足りません。経営を左右する永続的な活動となるため、組織を作り、人材が育つような学習環境を整える必要があります。

　MDMの推進リーダーに求められる重要なスキルは、ファシリテーションができることです。マスターデータの統合の場合、統一的な概念を作る必要があるため、関係者の業務知識を引き出し、認識した対象の持つ意味、概念を捉え、共通認識を作るための合意形成ができる必要があります。また、マスターデータのマネジメントができるように、組織と教育を作るための考え方や方法を理解する必要もあります。

　そこで、本書では内製化を前提にMDMの実現に必要な「基盤」「組織」「教育」を作るための実践的な内容を意識して執筆しました。理想論や理論だけではなく、実務に役立つ現実的な解を紹介しています。本書で提供している考える視点を参考にしながら、内製化の実現に向けた「自律型の人材育成」を目指していただきたいと考えております。

　なお、マスターデータマネジメントは、Master Data Managementの頭文字をとってMDMと略する文献が多いことから、本書でも読みやすさを考慮してMDMと略して使うことにします。

◆　想定読者

　本書は、次のような職種や立場にある方を対象に執筆しています。従来のMDMと違い対象者が広がっています。特に組織作りや教育作りは、経営者や管理者にとっても重要な知識だと考えています。

- MDMシステム開発の責任者とエンジニア
- DX推進部門のデータマネジメント推進リーダー
- 経営戦略部門・営業戦略部門・マーケティング戦略部門の部門長

- 全社システム再構築のIT部門長とプロジェクトリーダー
- 事業部門や業務部門の責任者
- データマネジメント部門の責任者

◆ 学習目標

　本書で獲得できる主な知識は次の7点です。

- MDMとマスターデータの価値と概念がわかる
- MDMシステム基盤作りの進め方がわかる
- MDM組織のメカニズムと体制および責務がわかる
- MDMの人材育成ができる学習環境の作り方がわかる
- マスターデータの整備に必要なデータモデリングがわかる
- マスターデータのデータモデルパターンがわかる
- ファシリテーションの方法とファシリテーターの育成方法がわかる

　上記の知識と本書の関係を後継の図に示しています。MDMは、データ品質、データセキュリティ、データ連携など覚えることが多岐に亘り、ある意味、ミニデータマネジメントとも言えます。

　そこで、今、自分が何を学んでいるのかわからなくなって迷子にならないように、本書の読み方がわかる地図を用意しました。各章の学習成果が一目でわかるようにチェックリストを入れています。このチェックリストは、各章末に掲載した「第〇章の振り返り」を要約したものです。

　それでは、MDMが実現できている世界「Next Stage」を目指しましょう！

　MDMの企画を考える際の壁打ち相手として、本書を読んでいただければ幸いです。

2023年12月　データ総研　伊藤 洋一

本書で得られる「MDMの学習成果」確認用マップ

第1章
1.1 〜 1.7
（RULE 01 〜 RULE 07）

Asis

- ☐ 3つのビジネス戦略とMDMの必要性がわかる
- ☐ 3つのビジネス戦略におけるMDMの特徴がわかる
- ☐ MDM導入のメリットがわかる
- ☐ ファシリテーターの重要性がわかる

第2章
2.1 〜 2.5
（RULE 08 〜 RULE 12）

知識獲得

- ☐ マスターデータとは何かがわかる
- ☐ MDMが仕組みを必要とする理由を説明できる
- ☐ MDMが一元管理を必要とする背景と目的がわかる
- ☐ 仕組みのフレームワークを使い各層の活動と成果を説明できる
- ☐ 安心・安全・安定の担保が必要な理由を説明できる

第4章
4.1 〜 4.10
（RULE 22 〜 RULE 31）

基盤作り

- ☐ MDMの進め方の概観がわかる
- ☐ 目的明確化の重要性と経営者との合意形成の現実解がわかる
- ☐ データ連携方式の理想と現実がわかる
- ☐ データ項目の業務的意味の甘さが成否を決めることがわかる
- ☐ ファシリテーターに必要な着眼点がわかる
- ☐ データ定義の書き方やデータ移行準備のやり方がわかる

第3章

3.1 ～ 3.9
(RULE 13 ～ RULE 21)

知識獲得

- ☐ データモデルとは何か、MDMになぜ必要かがわかる
- ☐ MDMに必要なデータモデリングの基礎知識がわかる
- ☐ 認識齟齬の発生メカニズムと管理、関係の本質がわかる
- ☐ 共通認識を構築するメカニズムとデータモデリングの関係がわかる

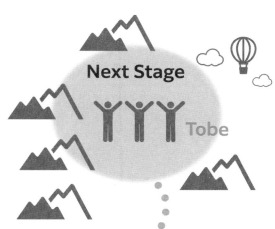

Next Stage

Tobe

第5章

5.1 ～ 5.6
(RULE 32 ～ RULE 37)

組織作り

- ☐ MDMを必要とするタイミングがわかる
- ☐ MDM組織作りに有用なフレームワークがわかる
- ☐ MDM組織作りの進め方の概観がわかる
- ☐ MDM組織の3タイプとガバナンス機能の有無に伴う組織体制・役割がわかる
- ☐ リソース整備系業務とマスターデータの関係、データオーナーの決め方がわかる
- ☐ MDM実現に重要な3つのルールがわかる

第6章

6.1 ～ 6.6
(RULE 38 ～ RULE 43)

教育作り

- ☐ 教育全体の設計が必要であるとわかる
- ☐ MDMの教育作りとは何かがわかる
- ☐ データモデルパターンとその位置付けがわかる
- ☐ MDMの人材育成のコアスキルとその素養がわかる
- ☐ MDMのファシリテーターのトレーニング方法がわかる

目次

第4章　MDM基盤構築 …………… 109

第5章　MDMの組織作り　165

第 6 章　MDMの教育作り ⋯⋯⋯⋯⋯⋯⋯⋯ 197

なぜ、今、
MDMが必要なのか

本章では、MDMが求められている背景を経営・ビジネスサイドの視座で解説します。

最初に「MDMに関する3つのビジネス戦略」「MDMがないことによって起こる問題点」を押さえ、MDMの必要性を見ていきます。

次に3つのビジネス戦略におけるMDMの特徴を説明します。

最後にMDM導入メリットとMDMを実現する上でのファシリテーターの重要性を説きます。

01 MDMが求められる背景を知る

個別業務の効率化重視による問題と求められる人材

　マスターデータマネジメント（Master Data Management：MDM）を必要とする背景を考える際に、日本企業の情報システムの成り立ちから見ていく必要があります。

　日本企業では、給与計算や財務会計処理など個別業務の効率化を目的として、定型作業への情報システム導入を中心に発展してきました。2000年代に入ってからは、SCM（Supply Chain Management：サプライチェーンマネジメント）やCRM（Customer Relationship Management：顧客関係管理）などのビジネス戦略が掲げられ、業務横断・事業横断・企業横断でのデータ活用が主流となりました。

　しかし、個別業務に閉じたデータの集約は標準化が難しく、簡単には実現できませんでした。さらに、2018年以降はDX化に伴うアドホックなデータ活用の流れ（特定の課題を解決するために、その都度必要なデータを集めて分析、利用すること）を受けて、現在でもこの問題が拡大し続けています。

　原因は、個別業務の効率化に適したデータ構造は、業務横断・事業横断・企業横断（以降、「領域横断」と略す）では適合しないためです。

　こうした背景から、全社で標準のデータ構造を決めるためのファシリテーターの育成が求められています。

MDM企画の背景にあるビジネスサイドの3つの戦略

　MDMは業務横断・企業横断のデータ活用の文脈で使われる言葉です。このことからMDMの企画が立案される背景には、必ず何らかのビジネス上の旨味、つまり戦略があります。

　図1.1.1は、「DX戦略」「組織戦略」「M&A戦略」という代表的な3つのビジネス戦略と、それぞれのMDMの目的およびねらい（目的の目的）を示したものです。

　なお、本書における組織戦略とは、顧客戦略、人材戦略、物流・SCM戦略、商品戦略といった部門ごとに掲げられるような戦略を指します。

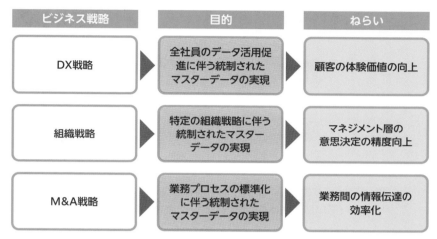

● 図1.1.1　ビジネス上の3つの戦略

　これら3つの戦略は、MDMを実現するにあたり、管理範囲やアーキテクチャが異なります。そのため、推進リーダーは自身のプロジェクトがどのタイプかを見極めて、適切な進め方を決める必要があります。

　以降本書では、この3つの戦略を使い分けて解説します。

Point!　ビジネスサイドの3つの戦略の違いで気を付けること

● マスターデータの整備範囲
● マスターデータアーキテクチャと配信方法
● マスターデータの共通項目と個別項目の判断

MDMの歴史

　ここではMDMという言葉が誕生した背景を、情報システムの歴史に沿って見ていきましょう。

メインフレーム全盛期

　メインフレームが全盛期のころに使われていたのは大規模な中央集権型のシステムであったため、マスターデータも中央で一元管理されていました。

　しかし、90年代に起きたクライアントサーバーへの移行に伴いシステムの分散化が進み、マスターデータも分散しました。

分散化前期

　分散化の初期段階は、メインフレームから切り離しただけなので、システム間インターフェース（I/F）もそこまで複雑ではありませんでした。

　しかし、販売や生産といった業務部門ごとに独自の文化が出来上がると、システムも独自のデータが作られるようになりました。つまり、サイロ化の始まりです。マスターデータも個別独自のものが作られ、全社で見ると似たような意味をもつデータが散在していました。

分散化後期

　サイロ化が進むにつれて、システム間インターフェースが複雑になっていきました。その結果、他システムの業務知識やシステム知識の獲得、コード変換の設計方法の習得、コード変換表の維持といった、本来必要ない管理コストが発生しました。

　この状況を打破するために、各ベンダーはCRMやERP（Enterprise Resource Planning）のパッケージを開発・販売しました。

パッケージ移行期

　2000年代にもなるとパッケージを導入する企業も増えてきました。

　しかし、企業によってはパッケージでは全社標準のデータ要件を賄えないことから、旧システムにマスターデータを残す事態に陥ってしまいました。

　さらにメインフレームに残っているマスターデータもあり、企業全体でマスターデータの連携がさらに複雑になりました。

MDMシステムの登場

　アメリカでは2003年頃から、水平横断的に統合された顧客データ管理のための新しいシステムの必要性が叫ばれるようになりました。このニーズに応えようと多くのベンダーが顧客データの統合を目指すソリューションを開発し、やがてこの流れは顧客マスターを超えて製品・商品・組織などのマスターデータにまで広がりました。

　やがて、全社でマスターデータを一元管理するMDMの発想が生まれました。その具体的なイメージを図1.1.2に示します。

　日本においては、2007年頃からマスターデータの統合が見られるようになりました。

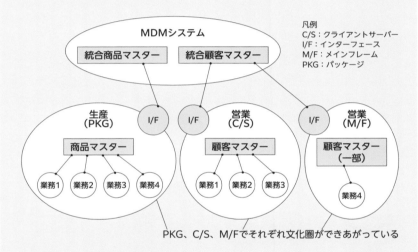

● 図1.1.2　MDMシステムの登場

MDMが機能しないことによる問題点を考える

▦ マスターデータとは

　詳細は2.1（RULE08）で解説しますが、ここではマスターデータについて簡易的に述べます。

　マスターデータとは、ビジネス活動を推進する上で欠かせない資源を表すデータです。資源を表すデータとは、人（社員）、組織（事業部、部署）、場所（物流センター、工場、倉庫）、取引先（顧客、仕入先）、モノ（製品、部品、原材料、商品）などを指します。

　図1.2.1は食品メーカーと共にプライベートブランドの商品（この例ではお菓子）を開発して、店舗で販売する小売業のビジネス活動を表しています。この例では、バイヤー、仕入先、材料、お菓子、物流センター、店、棚がマスターデータとなります。

● 図1.2.1　小売業のマスターデータの例

⠿ MDMの目的、MDMが実現できていないことの問題点

　こちらも詳しくは**2.2（RULE09）**で解説しますが、ここではMDMの目的について簡易的に述べます。

　MDMの目的は、共用性の高いマスターデータを統制し、全社で利用できるようにすることです。そのためには、組織（体制・役割・プロセス・ルール含む）・システム基盤・教育を作り、企業全体に文化を創っていく必要があります。

　逆説的に言うと、MDMができていないことで業務部門の担当者による個別化・属人化が進んでしまいます。企業全体で統制されたマスターデータが提供できないと、業務部門の担当者は自分たちの業務を最優先に考えて、マスターデータを運用します。

　この点を踏まえ、ここでは以降、MDMができていないことによる代表的な7つの問題点について述べていきます。リアル感を出すために、あえて話し言葉で書きます。

◆ 1. 類似マスターデータによるデータ連携の複雑化

> 　取引先マスターを一元管理したくても構想レベルで留まり、結局、業務部門で個別にマスターデータを作ってしまった……（図1.2.2）。
>
> 　仕方ないが、データの整合性確保が必要なので、当面はデータ連携とコード変換で何とかしよう！ 根本的な解決はすぐにはできないので、テーブル一覧の説明欄にこのようなデータ構造に至った背景を補記し、次期システム再構築の担当者が困らないようにナレッジを残しておこう。

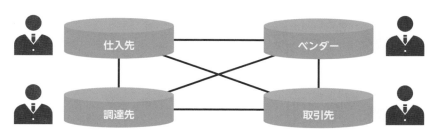

● 図1.2.2　類似マスターによるデータ連携の複雑化

◆ 2. 冗長項目の増加によるデータの汚染

> 冗長項目が増えて、データが汚れていく……（図1.2.3）。
>
> やはり、正規化した上で、ルールとプロセスを決めて、レビュー体制を組む必要がありそうだ。また、レビューができる人を育てる計画も考えよう！

顧客番号	顧客名	住所	電話番号
1001	井上商事	東京都墨田区錦糸X-Y-1	03-XXXX-6131
1002	江戸川物産	神奈川県川崎市川崎区東田町X-2	044-YYY-1652

正規化

受注

受注番号	顧客番号	顧客名	住所	電話番号	受付年月日	金額
01	1001	井上商事	東京都墨田区錦糸X-Y-1	03-XXXX-6131	2023.01.11	1,000,000
02	1001	井上商事	東京都墨田区錦糸X-Y-1	03-XXXX-6131	2023.02.13	300,000
03	1001	井上商事	東京都墨田区錦糸X-Y-1	03-XXXX-6131	2023.02.27	900,000
04	1002	江戸川物産	神奈川県川崎市川崎区東田町X-2	044-YYY-1652	2023.02.27	1,200,000
05	1002	江戸川物産	神奈川県川崎市川崎区東田町X-2	044-YYY-1652	2023.02.29	550,000

冗長データ

● 図1.2.3　冗長項目の増加によるデータの汚染

◆ 3. 定義に合わない値の増加によるデータの汚染

> データ項目を定義したのに、粒度や範囲の異なるデータが増えて、データが汚れていく……（図1.2.4）。
>
> まずは、データクレンジングをして、将来的にはチェックする担当者を設けよう！

【定義】
企業とは、当社と購買契約を締結した取引会社
の法人格に相当する。個人事業主は含まない。

企業
？

企業コード	企業名称
○ 000001	南武百貨店
× 000002	南武百貨店営業部
× 000003	DM事務所 伊藤洋一
× 000004	北武百貨店総務部

● 図1.2.4　定義に合わない値の増加によるデータの汚染

◆ 4. 同じデータ項目名に対する担当者間の相違

　データ項目は同じ名前なのに値の規則性（＝観点）が異なるため、担当者間で認識が合わない……（図1.2.5）。

　そもそも同じ意味をもつ項目なら統合しよう。でも値の規則性（＝観点）が異なるため、データ項目名を変える必要がありそうだ。まずは、正式な場を設けて、データの所有者（＝データオーナー）を集めて、意味に着目してデータ項目名の見直しが必要なのか、きちんと話し合って決めないといけないぞ！

小売A社

取引種別	意味
現金	現金での取引
クレジット	クレジットカードでの取引
デビット	デビットカードでの取引

取引種別	意味
店頭	店頭での取引
EC	ECサイトでの取引
カタログ	カタログでの取引

 店舗販売部門

 商品管理部門

● 図1.2.5　同じデータ項目名に対する担当者間の相違

◆ 5. 判断材料と専門家の不足で管理に困っている

　誰に相談したらよいのだろうか。そもそも相談できる場があるのかわからない。ルールや方針がなく判断材料がないのも困る。聞いたところで、基礎知識がある人材がそもそもいないようだ。

　どうやら、<u>マスターデータの専門組織を作る</u>必要がありそうだ！

◆ 6. 共通マスターが機能していない

　共通マスターを構築し、共通マスターのコードを使うようにガイドラインにまとめたが、業務部門への浸透が弱く、個別マスターに対して独自のコードを設け、さらに共通マスターのコードとの紐付けもなく、個別化・属人化を進行させてしまった……（図1.2.6）。

　ガイドラインの他に社内教育やガバナンス体制を組む必要があるが、まずは<u>マスターデータマネジメントに関するガバナンスルール</u>を定める必要がありそうだ！

共通コード一覧表

コード	型	桁	コード体系	定義（粒度・スコープ）
取引先コード	CHAR	10	無意味連番	取引先を識別するコード。取引先とは取引契約を締結している法人である。粒度は法人格である。
……	……	……	……	……

テーブル定義書

テーブル名	カラム名	型	桁	項目定義
顧客	顧客コード	CHAR	8	顧客を識別するコード。法人格の粒度である。
	顧客名称	……	……	……
	顧客住所	……	……	……
	……	……	……	……

● 図1.2.6　共通マスターが機能していない

◆ **7. データ保護の取り扱いがわからない**

　生年月日は個人が提供しているから個人情報のはず。社員名は業務で必要だから全業務部門に公開で大丈夫なはず。社員番号、メールアドレス、役職は、会社が与えているものだから個人情報ではないはず……。

　といった感じで確証がもてないまま、担当者の裁量でデータを使わせているが、本来はデータセキュリティガイドラインを作り、それに基づいて設計する必要があるよな。

7つの問題点のまとめ

　7つの問題点についてまとめると、図1.2.7のようになります。データモデリングやデータ定義といったマスターデータの整備だけではなく、運用を踏まえた組織作りがMDMの要件に含まれていることを覚えておいてください。

　このように管理されたマスターデータを、統制されたマスターデータと言います。

7つの問題点	組織作り				システム基盤作り	教育作り
	体制	役割	プロセス	ルール		
1. 類似マスターデータによるデータ連携の複雑化				○	○	
2. 冗長項目の増加によるデータの汚染	○	○	○	○		○
3. 定義に合わない値の増加によるデータの汚染		○		○		○
4. 同じデータ項目名に対する担当者間の相違		○		○		
5. 判断材料と専門家の不足で管理に困っている	○	○				○
6. 共通マスターが機能していない				○	○	
7. データ保護の取り扱いがわからない				○		○

● 図1.2.7　7つの問題点に対するMDMの主な重点箇所

教育システムとは

インストラクショナルデザインの学者でもあるR.M.ガニェらは、著書『イン
ストラクショナルデザインの原理』[*1]の中で、教育システムについて次のように
述べています。

「教育システム（instructional system）とは，学習を促進するために用いられ
る資源（リソース）や手続きの配列であると定義できる。」

つまり、学習環境に視点を置いています。

筆者は、この教育システムの定義に基づき、あくまで環境を用意することが主
目的で学習そのものは学習者に委ねる考え方を選択しました。このことから、本
書では「教育を作る」という表現をしています。

マスターデータは身近に多い

一般の方は、マスターデータという言葉に馴染みがないと思いますが、実は身
近にマスターデータはたくさんあります。ここでは、身近な例をいくつか見てみ
ましょう。

簡単なケース

スマートフォンで振り込みを行う際に、銀行や支店を指定します。その際に表
示される「銀行一覧」や「銀行支店一覧」がマスターデータです。

喫茶店の注文で店員さんがコーヒーやケーキをタブレットに入力する際に表示
される、「商品リスト」もマスターデータです。

図書館で本を調べたり、借りたり、返したりする際に表示される「本の情報」
もマスターデータです。

映画館でチケットを買う際に表示される映画のタイトル、放映時間、チケット
料金といった「映画情報」もマスターデータです。

少し複雑なケース

ファミリーレストランでポイントアプリのQRコードをバーコードリーダーに
かざすと、ポイント付与されます。システムでは会員情報と照合してポイントを
付与しています。この「会員情報」がマスターデータです。

---

*1　R.M.ガニェ, W.W.ウェイジャー, K.C.ゴラス, J.M.ケラー 著、鈴木克明・岩崎信 監訳『インストラク
　　ショナルデザインの原理』北大路書房（2007）

　会社で出退勤の打刻を行う際にアプリで登録する場合があります。このアプリにあらかじめ登録してある「社員情報」もマスターデータです。

さらに複雑なケース

　ここでは交通系電子マネーについて考えてみます（図1.2.8）。

　交通系電子マネーは、毎日の通勤・通学をはじめ、コンビニエンスストアや自動販売機での精算に利用していると思います。利用すれば残高が減り、チャージすれば残高が増えるというシンプルな機能です。

　残高をきちんと管理するためには、どのようなデータが必要かを想像してみましょう。

- カード番号・名前・住所・電話番号などが記録された「利用者情報」
- From駅・To駅・最短路線・料金などが記録された「料金表」
- 入場・出場・路線・カード番号・利用金額・残高などが記録された「利用履歴」

　この例では「利用者情報」と「料金表」がマスターデータです。利用履歴は出来事の都度発生するデータなので、マスターデータではなくイベントデータもしくはトランザクションデータと呼びます。イベントデータとトランザクションデータについては第2章で詳しく解説します。

　このように、マスターデータとは、業務やサービスを行う上であらかじめ登録しておくデータです。

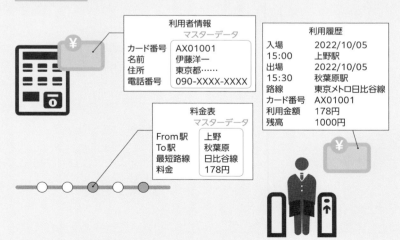

● 図1.2.8　交通系電子マネーのマスターデータ

3つのビジネス戦略を知る：
DX戦略のMDM

▦ DX実現の第一歩

　DX実現の第一歩は、業務データとビッグデータを上手に活用して、顧客のインサイトを獲得し、ニーズに合った商品・サービスを提供し続けることです（図1.3.1）。これにより、顧客のエンゲージメントを高めていくことをねらいます。

　現在は業務データに加え、ビッグデータを活用できる時代になりました。その結果、顧客が求めていることをより正確に分析することが可能となり、商品やサービスの開発に対する意思決定が容易になりました。

　この取り組みがデータ駆動型経営の背景にあり、DX推進に必要な経営手法として叫ばれるようになりました。

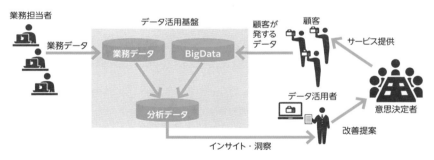

● 図1.3.1　データ駆動型経営

▦ データ駆動型経営の根幹はデータ活用

　データ駆動型経営は、データを活用して意思決定するアプローチです。従来の「K（勘）」「K（経験）」「D（度胸）」による意思決定のアプローチに対するアンチテーゼです。

　データ駆動型経営において、データ活用ができることは必要条件です。従来のデータ活用は、経営判断や在庫調整といった経営者・管理者が意思決定

できることが求められていましたが、現在はその対象が全社員へと広がりました。

全社員に求められているのは、顧客満足度・サービスの向上を目的に仮説を構築し、データを活用して気付きを得ることです。

図1.3.2のサイクルのように組織の在り方を変えることが、データ駆動型経営の実現、そのものとなります。

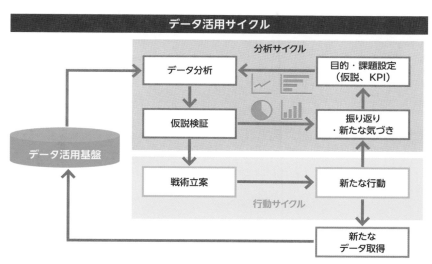

● 図1.3.2　データ活用サイクル

データ活用におけるMDMの役割

データ活用におけるMDMの役割は、領域横断で統制されたマスターデータを提供することです。

ビジネスサイドは、統制されたマスターデータが使えることで正確な分析結果が得られます。特にマスターデータのコード（識別子）は、データ分析の「軸（ディメンション）」になるため、統一コードを設ける必要があります（図1.3.3）。

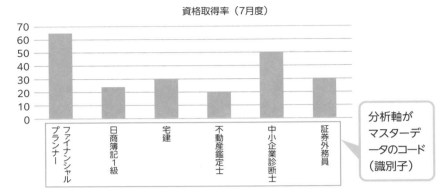

資格取得率（7月度）

分析軸が
マスターデ
ータのコード
（識別子）

● 図1.3.3　資格取得を例にした分析軸のイメージ

データ活用におけるMDMの広がり

　多種多様な大量データを各領域で気軽に扱えるようになったことで、個人情報や機密情報の取り扱いがより一層難しくなりました。

　これまではデータの整理・整頓・清掃といったデータの一元管理がMDMの主流でした。しかし、現在はデータ活用の広がりとともに、データ品質やデータセキュリティ、メタデータ管理がより強く求められています。

データ駆動型経営の実現に顧客マスター管理

　先に挙げたように、全社員が顧客満足度・サービスの向上を目的に仮説を構築し、データを活用して気付きを得ることがデータ駆動型経営の必要条件です。そのためには、顧客に関する多種多様なデータが使える状態にする必要があります。

　「使える」とは、顧客を識別するコード値が統一されていて、かつ顧客に関する属性（データ項目）の理解が全社員に共有されている状態のことです。これを統制された顧客マスターデータと呼びます。

　しかし、現実は統制されていないことがほとんどです。図1.3.4の左側は、店舗に来店したお客様とインターネット上の会員が同一人物か把握できない問題の例です。このケースでは、お客様である伊藤さんは店頭でポイントカ

ードを作り、顧客番号＝A001が割り当てられました。また、ECサイトでも
会員登録し、会員番号＝X01が割り当てられました。この結果、同一人物の
伊藤さんに対して、別々のコード値が割り当てられ、データ上では同一人物
の判断ができなくなりました。

　図1.3.4の右側のように、本来は企業で同一人物の顧客を1つのコード値で
識別ができていればよいはずですが、これまでは領域横断で顧客マスターを
共有するビジネス施策がなかったため、統一コードを設ける必要はありませ
んでした。

　このような事象は、組織、社員、仕入先、商品といった他のマスターでも
起きています。

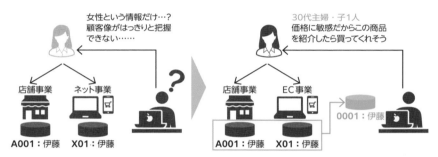

● 図1.3.4　顧客マスターの現状と理想の例

RULE 04 3つのビジネス戦略を知る： 組織戦略のMDM

⠿ 製造業の例

　製造業では、製品の生産から販売までの一連の流れを効率的に管理し、コスト削減や納期短縮、在庫削減などを目指す戦略としてSCM（Supply Chain Management）やPSI（Production（生産）Sales（販売計画）Inventory（在庫））に関する施策が挙げられます。

　SCMとPSIを実現するためには、調達、製造、流通、販売などの業務連鎖において、企業・部門間で相互に情報を共有し、ビジネスプロセスの最適化を目指す取り組みが必要です（図1.4.1）。

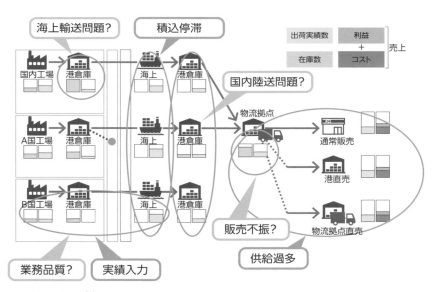

● 図1.4.1　PSIの例

　取り組みの背景には、生産財をきちんと管理するという考えがあります。このことから、各工程でバラバラにならないように購入先や製造の機械、売り先のお客様、そして実際に売られるモノに関する情報を一元管理し、一連の

流れを見えるようにする必要があります。

　よって、このビジネス施策におけるMDMの対象は、商品、製品、部品、部品表（BOM（Bill of Materials））、製造工程、製造担当などが挙げられます。

▦ 小売業の例

　小売業では、顧客に対して、商品の詳細情報を正確且つタイムリーに提供し、顧客満足度を向上させる戦略としてPIM（Product Information Management）に関する施策が挙げられます。

　PIMは、社内に散在する商品情報を一元管理し、様々な販売チャネル（ECサイト、商品カタログなど）に対して、正確かつ一貫性のある情報を高い鮮度に保った状態で提供する取り組みです。

　取り組みの背景には、販売チャネルの多角化に伴い、商品情報の更新が追い付かず、チャネルごとに情報の鮮度がバラついている点が挙げられます。

　このバラつきを放置すると、商品の機能や価格などがチャネルごとに違ってしまったというミスが生じ、それがSNSの拡散によって、社会的信用を失うリスクがあります。企業にとっては致命的になるため、多くの小売業では商品マスターの一元管理を真っ先にMDM要件として挙げています。

　例えば、図1.4.2のような店頭用の商品マスターをECサイトでも使っているケースを考えます。店頭用商品は、店頭に並べる際にどのくらいのスペースを確保すべきか確認するために本体サイズだけがわかればよく、庫内サイズは未登録でした。しかし、ECサイトではお客様が自分で商品機能を確認し、購入の判断を要するため、画像と詳細な商品説明がないのは致命的です。

　この例にもあるように、販売チャネルが増えてきているからこそ、マスターデータの一つひとつの項目に対してデータオーナーを定めて、データ品質を維持していくことが求められています。

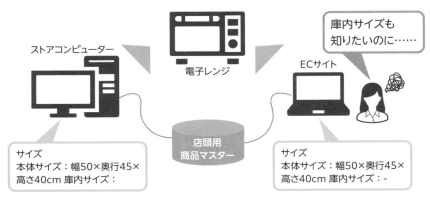

ストアコンピューター

電子レンジ

ECサイト

庫内サイズも
知りたいのに……

店頭用
商品マスター

サイズ
本体サイズ：幅50×奥行45×
高さ40cm 庫内サイズ：

サイズ
本体サイズ：幅50×奥行45×
高さ40cm 庫内サイズ：-

● 図1.4.2　PIMを必要とする背景の例

金融・サービス業の例

　金融・サービス業では、マーケティングや営業戦略として従来からある CRMや2015年頃から広がったSFA（Sales Force Automation）・MA（Marketing Automation）が掲げられ、顧客マスターの統合が主流でした。この取り組みは今も続いていますが、最近のトレンドは、HRM（Human Resource Management）やTM（Talent Management）といった人材戦略に関する施策です。

　HRMやTMは、人材を戦略的に管理し、組織の成果を最大化するための取り組みです。取り組みの背景には、少子高齢化に伴う人手不足、働き方改革に伴う残業規制や人材流出が挙げられます。多くの企業では、人手不足による新規受注の制限が死活問題となっています。社内人材育成だけでは追い付かず、協力会社も必要になりますが、スキルやパフォーマンスが読めないため、簡単には外部のリソースを調達することができません。

　この問題の解決には、SCMと同じように社内外問わず人に関する情報の共有化が必要になります。主な情報要求は、配置、スキル、経験、知識、パフォーマンス、トレーニング状況、モチベーション、アサイン状況です。

　これからのデータ活用では、人に関する施策がますます増えていきます。基本的なマスターデータの要件に加え、LMS（Learning Management System）や案件管理システムから得られる要員に関するデータを連携させて、拡充していくことが、今後のテーマになると予想します。

Point! 組織戦略のMDMとは

組織戦略のMDMとは、顧客戦略、人材戦略、物流・SCM戦略、商品戦略といった特定の組織戦略に基づき、領域横断（企業・事業・業務の横断）を実現するための手段として、統制されたマスターデータを提供することである。

COLUMN

SCMにおけるMDM導入事例

　ここで紹介するのは、電気機器メーカーのSCMの一環で、在庫削減を目的としたコード統一の事例です。

　この電気機器メーカーでは、各国の在庫を把握するための統一コードがなく、在庫管理コストが上がっていました。

　そこで、統合マスターを構築し、統一コードを作り、グローバル全体での生産・販売・在庫に関する計画・実績データを日次レベルで共有できるようにしました。これにより、計画の効率化とグローバル在庫の削減が功を奏し、在庫管理コストを1000億円から700億円に削減しました。

　この施策のポイントは、コード統一がデータ活用を容易にし、意思決定のスピードを向上させた点にあります。

　注意していただきたいのは、統一コードの導入は在庫削減の手段の一つにすぎないという点です。ビジネスサイドの様々な施策があってこその削減であることも覚えておいてください。

3つのビジネス戦略を知る：
M&A戦略のMDM

▦ M&Aを繰り返す企業の取り組み

　M&Aを繰り返す企業では、合併によってバラついているオペレーション領域の業務のやり方と業務プロセスを標準化し、業務システムを再構築することで、業務の効率化を目指しています。なお、M&Aを伴わない全社業務プロセスの標準化によるMDMもこの取り組みと同じですが、オペレーション領域のMDMのきっかけがM＆Aによる業務プロセスの標準化であることが多いことから、本書ではM＆Aを強調しています。

◆ オペレーション領域の業務とは

　オペレーション領域の業務とは、バリューチェーン内の業務です（図1.5.1）。

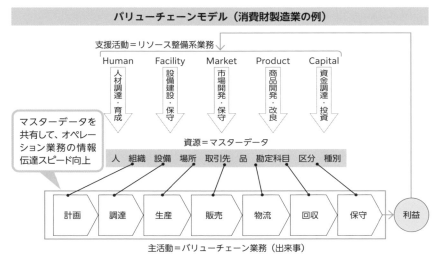

● 図1.5.1　オペレーション領域の業務

　バリューチェーンはマイケル・E・ポーター氏が提唱した概念で、直訳すると価値連鎖です。事業活動によって価値が創造されていくイメージです。バ

リューチェーンには主活動と支援活動があり、オペレーション領域の業務は、主活動にフォーカスした業務となります。

◆ オペレーション領域のMDMの目的

オペレーション領域のMDMは、業務間の情報伝達の効率化を目的にしています。

オペレーション領域における業務間の情報伝達とは、指示や結果といった出来事の共有です。

◆ 出来事の説明要素がマスターデータ

出来事には、出来事を説明する要素として、「Who（誰が）、Whom（誰に）、Where（どこで）、What（何を）」といった名詞に相当する言葉が含まれています。例えば、ホームセンターでは、店舗がセンターに商品を発注し、センターは発注内容に基づいて店舗に配送します。

この例では発注や配送が出来事で、出来事を説明する要素にあたる名詞は、店舗、センター、商品です。この名詞に対応付くデータがマスターデータです。

◆ マスターデータは企業全体の共通言語

マスターデータは、出来事を説明する要素です。この要素が企業全体で共通の言葉になっていないと業務間での情報伝達が難しくなります。

このことから、オペレーション領域のMDMは、統一コードだけでなく、データ項目の統制も厳密に行う必要があります。特に企業横断、事業横断、業務横断、個別業務の4つの視点で整理し、共通項目と個別項目に分けて、統制する必要があります。

▓ M&Aの繰り返しはデータ連携が複雑になる

合併の都度、業務のやり方と業務プロセスの標準化に合わせて業務システムも再構築されればデータ連携はシンプルになります。しかし、現実は合併の都度、システムを再構築することはコスト面から難しいです。

そこで業務システムをどちらかの企業に合わせる、コードの発番ルールを

変えて運用する、コード変換で繋ぐといった様々な工夫をして対応します。

このような対応は一時的であれば耐えられますが、**時間の経過とともに継ぎ接ぎシステムとなり、システム保守のコスト増・人材不足が問題となってきます。**

さらにこの問題は、ごく一部の社内SEもしくは外部のシステムベンダーの限られた人しか知らないといった属人化が進み、最終的には誰も触れないといった問題にまで発展します。

これが2025年の崖で叫ばれている社会問題の話にまで繋がります。

⋮⋮ M&Aにも耐えられる組織運営が必要

M＆Aを繰り返す企業は、合併そのものが企業文化として根付いています。このことから、合併を前提とした組織（体制・役割・プロセス・ルール含む）とシステム基盤に変えなければなりません。

そのためにも、**経営者はマスターデータのガバナンスが効く組織作りを目指す必要があります。**

Point! M&A戦略のMDMとは

- オペレーション領域の業務プロセス標準化に伴うMDMである
- その本質は業務間の情報伝達の効率化である
- 業務間の情報伝達とは、指示や結果といった出来事の共有である
- 統一コードだけでなく、データ項目の統制も厳密に行う必要がある

COLUMN
情報伝達に欠かせないツール

　情報伝達に欠かせないツールはデータベースです。データベースとは、データを格納するための入れ物であり、情報を提供する掲示板のようなものです。なお、ここでいうデータとは、情報を構成する要素と捉えてください。

　もしデータベースがなければ、情報の伝達はFAX、電話、メール、手書き伝票、手書きメモ、口頭で行うことになり、伝達ミス、伝達漏れ、伝達の重複といった問題が発生します。特に複数人で仕事をしていた場合、誰が誰に何の情報をいつ伝達したのか、伝達は完了しているのか、といったことがわからなくなり、何度も双方で確認する必要があります。これでは業務効率の面でとても非効率です。

　この話はデータベースの誕生からも言えます。アメリカの宇宙開発プロジェクトにおいて、陸軍・海軍・空軍・民間がそれぞれ個別に開発を進め、情報伝達の非効率さを解消するためにデータを一箇所に集めて統合し、共同利用できるようにする必要がありました。このときに考案された仕組みがデータベースの始まりと言われています。

　この背景からも明らかなように、もしデータベースがなければビジネス活動における情報伝達は口頭での伝達になるため、ミスや認識のズレ、伝達のタイミングの不一致などの問題が生じます。

COLUMN
DX戦略におけるデータマネジメント教育

　DX戦略を推進している企業の多くは、データマネジメント基本方針書の原則や理念に「データは資産であり、全社員はそのように扱う責務がある」といった主旨の文言が書かれています。これは、自分が生み出したデータは他者に使ってもらう姿勢を説いています。つまり、社員一人ひとりの利他的な態度が求められていることを意味します。

　このことから、最近ではデータマネジメント教育の中にデータの重要性を説いたり、データモデルを活用した興味付けを行ったりしています。

1.6 RULE 06 MDM導入のメリットを知る

ビジネスパフォーマンスの向上

本節ではMDM導入のメリットについて具体的に述べていきます。

まず、各業務のマスターデータが統合されることでコードが統一されます。その結果、業務を横断してデータの集計や分析が素早くできるようになるため、業務改善における意思決定の質とスピードが向上します。

◆ 顧客集計の例

顧客売上を集計するにあたり、店舗事業では顧客番号、EC事業では会員番号でそれぞれ顧客を識別していた場合、事業別に集計してから再度顧客名で集計する必要がありました。図1.6.1のように顧客名が合わないといった問題もあり、集計スピードが遅く、意思決定に時間を要してしまう問題を抱えていました。

これを解消するために顧客データを統合し、統一コードを作り、集計スピードを向上させました。

店舗売上番号	顧客番号	顧客名称	売上金額	……
T0001	K0001	伊東 ①	1,000	
T0002	K0002	山　本 ②	1,500	
T0003	K0003	野原	2,000	

③

①名字の漢字が違う
②名字にスペースの有無の違いがある
③漢字表記とローマ字表記で違っている

EC売上番号	会員番号	会員名称	売上金額	……
E0001	C0001	伊藤	500	
E0002	C0002	山本	1,000	
E0003	C0003	Nohara	2,000	

● 図1.6.1　顧客集計の例

コミュニケーションの効率化

　MDMの導入により各業務のマスターデータが統合されることで、データ項目名や値が共通化されます。共通化されると全社共通の標準語が作られるため、コミュニケーションのスピードが向上します。

◆ 商品名が部門によって異なる例

　店頭販売部門における商品名は、色やサイズ違いまで考慮した名称としていましたが、EC部門ではサイト上の検索で使用するカテゴリーに対して使うため、色やサイズの違いは考慮しない名称としていました。

　それぞれの部門で商品コードを軸に在庫集計して互いに報告し合ったところ、商品の捉え方が異なっていたため、情報共有のロスが発生しました（図1.6.2）。

　このムダを減らすために、企業全体で商品の定義を決めて、部門間での認識の齟齬を解消させて、このロスを解消しました。

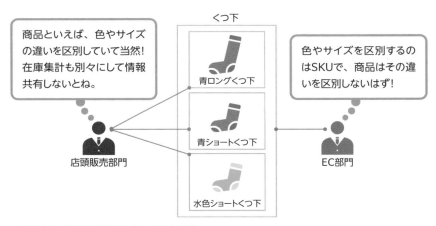

● 図1.6.2　商品名が部門によって異なる例

コンプライアンスの対応

　MDMの導入によりマスターデータが一元管理されることで、マスターデータが散在することによって想定される法的リスクや社会的信用を失うリス

クを最小限に抑えられます。

◆ **個人情報の例**

　この企業では複数事業で個別に顧客データを保持していたため、セキュリティリスクの重要度に応じたアクセス権の設定に対する不整合、データ活用基盤へのデータ連携可否の判断が難しいといった問題が発生していました。

　暫定的にはデータガバナンスルールに基づいて、データスチュワードやデータアーキテクトがチェックすることでこの問題を防いでいました。しかしこの対応を続けていけば、将来のコスト増が懸念されます（図1.6.3）。

　このため、顧客マスターを統合し、一元管理できるようになりました。これによりコンプライアンス対応の効率化とコンプライアンスリスク減に繋がりました。

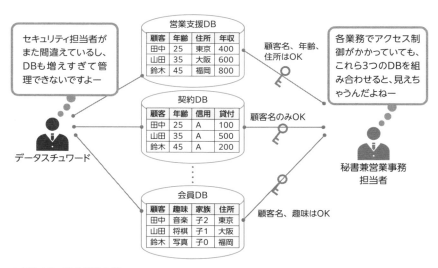

● 図1.6.3　個人情報の例

オペレーションコストの削減

　MDMの導入によりマスターデータが一元管理されることで、複数箇所での管理業務に伴うコストが削減されます。

◆ 設計部門と製造部門の例

　この企業では、製品開発において設計部門と製造部門のそれぞれで部品マスターを管理していました。データの整合性をとるための人手によるチェックがあり、部品マスターの整合性を合わせるコストにムダがありました。

　このムダをなくすために部品マスターを統合し、マスターデータの整合性を確保するためのコストを削減しました。

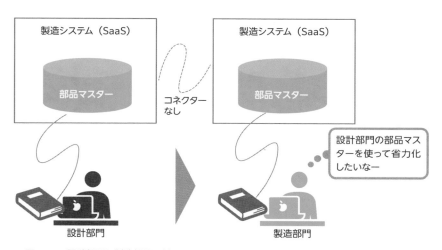

● 図1.6.4　設計部門と製造部門の例

Point!　MDM導入のメリット

- 経営レポートの効率化、セキュリティリスク回避は経営層にメリット
- 在庫管理、月次集計、KPI管理の効率化はマネジメント層にメリット
- 二重入力ロス、コミュニケーション齟齬はオペレーション層にメリット

MDM実現の難しさを知る

▦ MDMがないことによる問題①：マスターデータの分断

　業務システムは、もともと各部門の業務効率化を背景に情報伝達の効率化を目的として構築されたシステムです。このことからデータベースも各部門内での利用を前提に設計されています。

　当然、部門ごとにデータを保持していることから、企業全体で見ると類似データが見つかることがあります。例えば、A社は取引先の「北武百貨店」と販売および購買で取引していたとします。営業部門では「北武百貨店」を顧客と認識していることから、「顧客コード＝K001」で識別します。一方、購買部門では「北武百貨店」を仕入先と認識していることから、「仕入先コード＝S001」で識別します。

　このように、北武百貨店という取引先に対して顧客と仕入先の両方でマスターデータを保持している場合、顧客と仕入先は類似データと言います。

▦ MDMがないことによる問題②：データ活用における壁

　業務を横断してデータを使いたい場合、コード値が異なると集計や加工が難しくなるため、データ活用が非効率となります。

　先のA社の取引先の例で、もし経営企画室が北武百貨店との取引を集計する場合、各部門からデータを収集し、顧客名と仕入先名を突き合わせる必要があります。しかし、顧客名と仕入先名が必ずしも同じ形式（例えば株式会社と（株）の違いなど）でデータが登録されているとは限らないため、突き合わせが難しくなります。

▦ 標準形式データの必要性

　これらの問題を解決するためには、標準形式データの生成が必要です。
　データマネジメントの活動では、データ活用が効率よく行えるように標準

形式データを用意します。**標準形式データとは、同じ意味をもつデータを統合し、意味を定義し、値やフォーマット、ネーミングを標準化したデータのことです。**

　業務システムの目的でも解説した通り、多くのマスターデータは業務部門ごとに生成されていることから、企業全体で俯瞰して見ると、類似データの存在が確認できます。

　図1.7.1の左に示すお菓子メーカーA社の例では、部門ごとに商品の捉え方が異なります。それぞれチョコレートを捉える単位、つまり商品コードの発番単位が異なるため、部門をまたいで商品データを活用しようとしても商品コードで紐付けられないという問題を抱えています。

- 営業部門：包装済チョコレートが商品
- 物流部門：包装前のチョコレート1箱が商品
- 製造部門：箱の中に入っているチョコレート1粒が商品

　このことから、企業全体で統一された標準形式データが必要となります。図1.7.1の右は、営業部門の商品の定義を全社標準とした例です。製造部門と物流部門の定義は個別マスターとしてもたせるルールにしています。

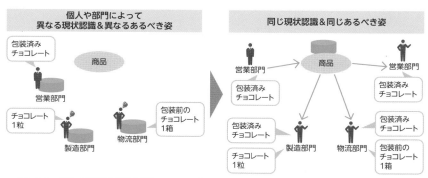

● 図1.7.1　異なる認識と同じ認識のイメージ図

　なお、この問題は商品データに限ったことではありません。顧客データ、社員データ、組織データ、取引先データなど、様々なマスターデータで同様の問題を抱えています。

標準形式データを作る難しさ

　標準形式データを作る難しさは、各業務部門で捉えているマスターデータ（社員、取引先、商品など）の捉え方、認識、概念を合わせる点にあります。概念の認識合わせをデータオーナー間で行い、共通認識を作り、企業全体の統一的な概念を決めることが、MDMを進める上での第一歩となります。

　このことからわかるように、データオーナーとは別の役割をもつデータスチュワードやデータアーキテクトがファシリテーターとして関わることが重要です。場合によっては外部の力を借りて、第三者がファシリテーションすることも必要です。

　いずれの場合でもファシリテーターが資源（リソース）やその使い方を想像しながら、各業務部門で認識している概念を引き出しつつ、共通認識を作り上げていくことが求められています。

Point!　データが抱える問題とは

部門ごとに保持しているデータはそう簡単には繋がらない問題がある。
この問題を解決するためには次の2点が必須である。

- 標準形式データを作る
- 作るためにはファシリテーターの存在が不可欠

Data is the new oil

　データはビジネスでの活用により価値を生み出しますが、その活用に至るまでのプロセスは石油の精製と同様に難しく（図1.7.2）、多くの労力を必要とします。ここでの「石油の精製」とは、標準形式データを生成する作業を比喩しています。

　マスターデータは領域横断で共有されることが多いです。そのため、分散したマスターデータを集約し、標準形式データを生成することが一般的です。これがマスターデータの整備が難しいと言われる所以です。

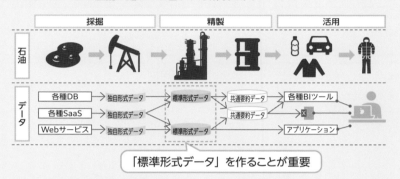

● 図1.7.2　Data is the new oil

第1章の振り返り

3つのビジネス戦略とMDMの必要性がわかる	✓	1.1（RULE01） 1.2（RULE02）
3つのビジネス戦略におけるMDMの特徴がわかる	✓	1.3（RULE03） 1.4（RULE04） 1.5（RULE05）
MDM導入のメリットがわかる	✓	1.6（RULE06）
MDMの実現におけるファシリテーターの重要性がわかる	✓	1.7（RULE07）

第 2 章

MDM の概観を掴む

本章では、マスターデータとMDMの定義を明確にし、理想的な活動のメカニズムを解説します。

最初にMDMの主要な用語と定義を理解し、活動の基礎を築きます。

次にMDMの中心とも言える一元管理とその仕組みを深掘りし、その成果として何を重視するかを見ていきます。

最後に統制されたマスターデータに対する価値提供の重要性を説きます。

MDMの主要な用語を押さえる

::: データの種類

データの種類は「ビジネス構造の視点」と「データの性質の視点」で呼び名が異なります。それぞれの対応関係を図2.1.1にまとめました。

ビジネス構造の視点	意味
リソースデータ	資源を表すデータ
イベントデータ	出来事を表すデータ

データの性質の視点	意味
マスターデータ	企業の基本的な情報を記録するデータ
トランザクションデータ	取引を記録するデータ

● 図2.1.1　データの種類

ビジネス構造の視点は、企業全体のビジネス構造を表すバリューチェーンモデルに即してデータを分類します。バリューを生み出す業務と資源を生み出す業務はイベントデータ、資源そのものはリソースデータとして区別します（図2.1.2）。

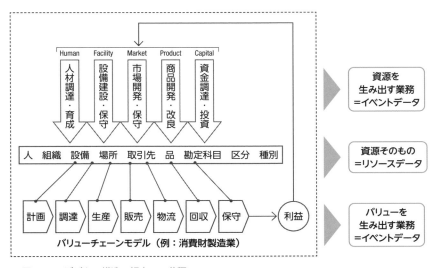

● 図2.1.2　ビジネス構造の視点での分類

データの性質の視点は、データが静的か動的か、もしくは基本的な情報か日々の取引の記録かで分類します（図2.1.3）。

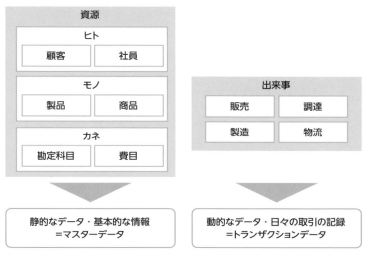

● 図2.1.3　データの性質の視点での分類

　マスターデータはトランザクションデータと比較するとデータの発生頻度や更新が少ないことから静的と言われています。一方、トランザクションデータは業務活動に即して随時発生するため、マスターデータと比較すると発生頻度や更新が多いことから動的と言われています。もちろん、マスターデータも更新されるため、見方によっては動的と言えるかもしれませんが、企業で扱っているデータを俯瞰してみると、相対的に静的となります。

　この他、イベントデータを集計した情報系データとトランザクションデータを集計したサマリーデータがあります。これらも集計元のデータの分類より、ビジネス構造の視点とデータの性質の視点で分類されます。（図2.1.4）。

ビジネス構造の視点	意味		データの性質の視点	意味
リソースデータ	資源を表すデータ		マスターデータ	企業の基本的な情報を記録するデータ
イベントデータ	出来事を表すデータ		トランザクションデータ	取引を記録するデータ
情報系データ	分析を目的にイベントデータを集計したデータ		サマリーデータ	トランザクションデータを集計したデータ

● 図2.1.4　データの種類

呼び名は異なるが同じ対象を指している

　リソースデータは人的資源の社員や物的資源の商品などを指し、マスターデータも社員情報や商品情報を指していることから、同一対象を指しています。イベントデータとトランザクションデータ、情報系データとサマリーデータも同様です。つまり、同じ対象に対して別の呼び方をしているだけなので、実務上では会話する相手に応じて使い分けます。

　例えばビジネスサイドと会話する際はビジネス構造の視点で会話し、データ活用推進部門やIT部門と会話する際はデータの性質の視点で会話すれば、相手に伝わりやすくなります（図2.1.5）。

ビジネス構造の視点	データの性質の視点	具体例
リソースデータ	マスターデータ	社員、顧客、商品、部材、バイヤー、センター、工場、倉庫、勘定科目など
イベントデータ	トランザクションデータ	受注、出庫、出荷、請求、入金、発注、入庫、入荷、支払、出金、生産など
情報系データ	サマリーデータ	在庫、残高、売上集計、月次売上推移など

● 図2.1.5　データの種類の具体例

データに関して本書で用いる用語について

　本書では基本的に「マスターデータ」「イベントデータ」「情報系データ」を使用します。ただし、解説自体はビジネス構造の視点で行っていきます。このため、マスターデータを意味的には「リソースデータ」として捉えていることに注意してください。また、データモデリングの解説ではビジネス構造の視点でデータを整理する必要があるため、「リソースデータ」「イベントデータ」「情報系データ」を用います。

　データについて本書で使用する言葉についてまとめると、図2.1.6のようになります。

基本的には	データモデリングの解説のみ	意味	具体例
マスターデータ	リソースデータ	資源を表すデータ	社員、顧客、商品、部材、バイヤー、センター、工場、倉庫、勘定科目など
イベントデータ	イベントデータ	出来事を表すデータ	受注、出庫、出荷、請求、入金、発注、入庫、入荷、支払、出金、生産など
情報系データ	情報系データ	分析を目的にイベントデータを集計したデータ	在庫、残高、売上集計、月次売上推移など

要注意 ──

● 図2.1.6　本書で用いるデータ関連の用語

Point!　データの種類

- マスターデータとリソースデータは資源や基本的な情報を指す言葉
- イベントデータとトランザクションデータは出来事や取引を指す言葉
- 情報系データとサマリーデータはイベントデータとトランザクションデータの集計を指す言葉

一般的な用語の意味から本質を掴む

　これまでに登場したデータの種類について、一般的な用語の定義と共に、その用語がなぜ選ばれているのかを探求します。用語の深い理解を通じて、相手に合わせた適切な言葉を選択できるようになります。これはMDMのシステム基盤の要件を詳細にまとめる際に有効です。

◆　マスターデータとリソースデータ

　マスターデータは英語の「master＝主人、指揮、基本的、主要」と「data＝データ」を組み合わせた言葉で、企業の基本的な情報を記録したデータを指します。例えば、顧客情報、商品情報、従業員情報などがこれに該当します。マスターデータの意味に主人や指揮が含まれていることから、統治・統制が想起できます。これはマスターデータがイベントデータや情報系データの基準、つまりデータ品質や形式、データ構造に影響を与えるため、統治・

統制の役割を果たすことを意味しています。

　リソースデータは英語の「resource ＝資源」と「data ＝データ」を組み合わせた言葉で、企業が利用する資源を記録したデータを指します。これは人的資源、物的資源、金融資源など、企業がビジネスを行う上で必要なあらゆる資源に関するデータが含まれます。

◆ トランザクションデータとイベントデータ

　トランザクションデータは英語の「Transaction ＝取引、業務」と「data ＝データ」を組み合わせた言葉で、取引を記録したデータを指します。

　イベントデータは英語の「event ＝出来事」と「data ＝データ」を組み合わせた言葉で、出来事を記録したデータを指します。

◆ サマリーデータと情報系データ

　サマリーデータは英語の「summary ＝要約」と「data ＝データ」を組み合わせた言葉で、トランザクションデータを要約したデータを指します。サマリーデータからはSQLの集計関数を想起できるため、IT部門内で使われる言葉です。

　情報系データは在庫データ、要約データ、断面データに対する総称で、概念データモデリングの世界で使われる言葉です。要件定義の際、ビジネスサイドと会話する際に使われます。在庫、要約、断面については、データモデリングの章で解説します。

◆ 実務での使い方

　マスターデータやトランザクションデータは業務システムの開発現場で使われる用語でしたが、データ活用が業務部門に広がったことで、現在は一般用語として浸透しつつあります。

　リソースデータやイベントデータは、概念データモデリングの世界で使われる用語です。概念データモデリングは、ビジネスサイドと会話する必要があるため、できるだけビジネスに近い言葉を選びます。

　マスターデータやトランザクションデータといった言葉を口にすると、興味の方向がシステム仕様や処理の話になり、ITに詳しいユーザーしか話についていけないといった問題が生じます。このような背景からビジネスサイド

と会話する際は、業務がイメージできる言葉としてリソースやイベントという用語を使います。しかし先に述べた通り、データ活用が広がった現在では、マスターデータやトランザクションデータを使用しても問題ありません。

一方、サマリーデータや情報系データは、他のデータの種類ほど一般化されていません。データ活用の実現手段がDWHやBIの構築となることから、データレイク、DWH、データマートという用語を使って会話することが多いです。ビジネス構造全体を捉えた言葉ではなく、データ活用基盤内の要素として使用する、部分的な言葉です。このことから、データ活用基盤構築の際は、データレイク、DWH、データマートの言葉を使い、全社規模のシステム開発においては、ビジネス全体の構造を捉えた「在庫、断面、要約」といった情報系の言葉を使うほうが適しています。

ここまでの話を踏まえ、一番伝えたいことは、言葉の定義の重要性です。言葉の定義の曖昧さが、マネジメントの範囲や対象のグレーゾーンを作ることになるため、方針書やガイドラインを策定する際は、言葉の定義に注意してください。

COLUMN

施策とは

施策とは、目標達成に必要な実施事項を指します。平たく言えば、現状の課題に対する解決策です。施策の記載粒度は様々です。例えば、小売業の販促施策において、粒度の粗い施策は「商品の価格競争力を高めて売上拡大（特売）、試食による購買意欲と満足度の向上、チラシによる新規顧客とリピート率の向上」といった組織戦略に基づく活動です。一方、粒度の細かい施策は「商品の陳列方法の変更、特定商品の値引き、接客における声掛けタイミングや内容」といった日々の業務における改善活動を指します。

同様に、データマネジメント施策も「マスターデータ管理機能を実現する」といった戦略レベルの施策もあれば、「コード変換を最小化し業務領域をまたいだ広い範囲での共有を図る」といったガバナンス活動のオペレーションレベルの施策もあります。前者は基本方針書、後者はガイドラインで書かれることが多いです。

MDMの定義を知る

本書におけるMDMの定義

様々な文献において、いろいろな視点で述べられているため、MDMを定義することはとても難しい作業です。しかし、共通点はあります。それは、「マスターデータを一元管理する」ということです。

ここで管理とマネジメントの違いについて、筆者の考えを述べておきます。一般的には日本語か英語かの違いという話になると思いますが、ビジネスの文脈で考えると、管理はルール・プロセスに基づく活動、マネジメントは戦略に基づく統制という違いがあります。

そこで本書では、図2.2.1で示すように、**企業に文化を根付かせること、つまり統治・ガバナンスの意味を含めて、MDMの定義を「企業が保有するマスターデータを一元管理する『仕組み』」**とします。この定義を理解するためには、「一元管理」「仕組み」についてもその概念を押さえる必要があります。詳しくはそれぞれ2.3（RULE10）と2.4（RULE11）で解説します。

定義	説明
MDM	企業が保有するマスターデータを一元管理する仕組み
一元管理	同じ意味をもつデータを一箇所に集約し、集中的に管理すること
仕組み	組織（体制・役割・プロセス・ルールを含む）・システム基盤・教育を作り、ガバナンスを効かせながらマネジメントし、成熟させていく活動

● 図2.2.1　MDMの定義

なお、既刊『DXを成功に導くデータマネジメント』では、データ活用の活動を支える活動の意味を込めて、MDMの定義を「活動」としました。

MDMの目的・ねらい

図2.2.2のMDMの目的で最も重要なキーワードは、信頼性と品質の保証です。詳細については、統制されたマスターデータとして2.5（RULE12）で

解説します。

　MDMのねらいは、MDMが機能することでマスターデータに対する資産としての価値を感じてもらうこと、加えて企業全体でマスターデータの品質が向上することにあります。

定義	説明
目的	共用性の高いマスターデータの信頼性と品質を保証し、全社で利用できるようにすること
ねらい	活動（仕組み）を通じて、企業全体に文化を創る

● 図2.2.2　MDMの目的とねらいの定義

Point!　MDMの定義を一言で言うと、

- マスターデータを一元管理するための仕組み
- 覚えるべき概念は、一元管理、仕組み、統制されたマスターデータ

COLUMN

定義の重要性

　定義とは「概念が何であるかを説明するもの」で、目的とは「概念が存在する理由や目標を示すもの」です。本書でも定義（図2.2.1）と目的（図2.2.2）は分けて記載しています。

　本書において、「定義」は肝です。なぜならば、定義に基づいて統合できるかどうかを判断するためです。

　詳細は第3章で解説しますが、定義は「○○は△△である」という記述ルールになります。例えば、顧客の定義は「顧客とは我が社と販売契約を締結した法人である」です。ファシリテーターには、現状の定義を明らかにするファシリテーション力と定義を書く文章力が求められます。

10　一元管理について知る

::: 一元管理とは

　一元管理とは、同じ意味をもつデータを一箇所に集約し、集中的に管理することを指します。

　「同じ意味をもつデータを一箇所に集約し」とは、One fact in one place（一つの事実は一つの場所に）の原則を意味します。これはデータの整合性を確保するための原則です。同じ意味をもつデータが複数の場所に存在するとそれぞれの場所で異なる更新が行われるため、データの不整合（＝矛盾）が生じます。

　例えば、架空の損害保険会社Aのシステムは、火災保険、傷害保険、自動車保険でシステムが分かれていて、顧客マスターはそれぞれのシステムで管理していました。顧客である伊藤さんは火災保険、傷害保険、自動車保険に加入していたとします。それぞれの保険は個別に契約を締結していることから、顧客データもそれぞれ個別に管理されています。契約後、伊藤さんは引っ越しをしました。自動車保険と火災保険は住所変更をしましたが、傷害保険は忘れていました。この瞬間からデータの不整合が発生します（図2.3.1）。顧客データを一箇所に集約していれば、この問題は生じません。

　「集中的に管理する」とは、集中的な「管理」なので、業務プロセスに基づいた具体的な作業を意味します。その業務プロセスとは、データの登録・修正・削除といったオペレーションを指します。同じ意味をもつデータが複数箇所にある場合、オペレーションもそれぞれの箇所で行われることが多いため、データの不整合が生じます。しかし、同じ意味をもつデータが一箇所に集約されるとオペレーションも一箇所で集中的に行えることから、データの不整合が解消されます（図2.3.2）。

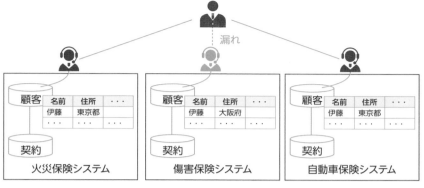

● 図2.3.1　データ不整合の例

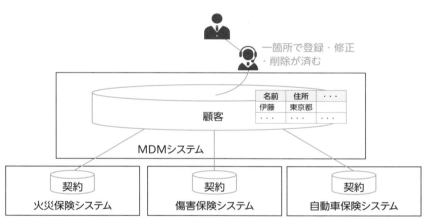

● 図2.3.2　集中管理の例

Point!　一元管理とは

- 同じ意味をもつデータを一箇所に集約して、集中管理すること

- その原則を One fact in one place と言う

- データの不整合に伴う業務的影響を防ぐことが目的

仕組みについて知る

▓ 仕組みのフレームワーク

　本書での仕組みとは、組織（体制、役割、プロセス、ルールを含む）、システム基盤、教育を作り、ガバナンスを効かせながらマネジメントし、成熟させていく活動を指します。

　次に仕組みのフレームワークについて解説します。図2.4.1に示すようにこのフレームワークは大きく5つの層に分かれていて、上から経営層、データガバナンス層、データマネジメント層、システム開発層、オペレーション層となっています。

　このフレームワークは、データマネジメント全体の仕組みを考える際に使用する枠組みです。このフレームワークを頭の中でイメージしながら、想像力を働かせて必要な活動を洗い出します。

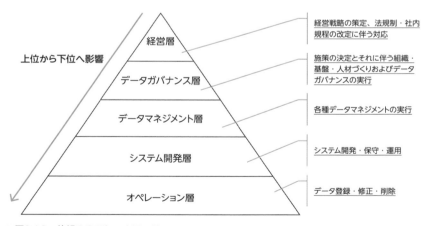

● 図2.4.1　仕組みのフレームワーク

◆ 経営層

　経営層は、経営戦略や事業戦略の策定、規制対応や社内規程の改定に伴う対応などを行います。それぞれの対応に対して具体的な実施事項としてビジ

ネス施策を定めていきます（図2.4.2）。

コンプライアンス向上、CS向上、コスト削減、人材育成などのビジネス施策には、MDMが関わってきます。

● 図2.4.2　経営層のプロセス

◆　データガバナンス層

データガバナンス層は、経営層で決まったビジネス施策に基づいてデータ要件を抽出し、データマネジメントとして実施すべき事項、つまりデータマネジメント施策を決めます（図2.4.3）。

また、データマネジメントが永続的な活動になるように組織、システム基盤、教育を作り、データガバナンスの実行により成熟させていきます。

なお、ここでのシステム基盤作りとは、システム開発そのものを行うのではなく、データガバナンスのためのルールを定め、データ活用基盤やMDMシステム、各業務システムに対して、一律に守らせることを指します。システム開発は、従来通りIT部門が主体となってシステム開発プロジェクトを立ち上げて開発します。

データガバナンスの実行は、Evaluate（評価）、Direction（方向づけ）、Monitor（モニタリング）のプロセス（通称「EDMプロセス」）を回します。詳しくは、既刊『DXを成功に導くデータマネジメント』の第2章をご覧ください。

● 図2.4.3　データガバナンス層のプロセス

◆　データマネジメント層

データマネジメント層は、データガバナンス層で決めた方針やプロセス、ル

ールに基づいて、システム開発層を統制します（図2.4.4）。統制方法は、データガバナンス層で決めたルールごとの基準を拠り所にチェックし、技術指導を行います。

　例えば、中長期経営計画でグループ全体のCS向上を目的にグループ各社の顧客マスターを統合する方針を打ち出し、データガバナンスルールの1つに「名寄せ型のマスターデータアーキテクチャであること」を掲げたとします。システム開発プロジェクトが開始して間もなく顧客マスターのデータモデリングが行われ、レビューしたところ、名寄せは考慮せず、マージしただけの寄せ集めマスターとなっていました。どうやらシステム設計者も名寄せは理解していたものの、データモデルとしてどのように設計したらよいかわかっていなかったようです。そこで、データマネジメント層では、システム設計者に対するデータモデリング教育の実施を方針として打ち出しました。

　このように、データマネジメント層の活動はレビューを通じた技術指導が欠かせません。統制を効かせるためには、教育を施し、共通認識を作っていくことになります。そのため、このようなレビューは単に設計書の品質向上を達成水準にするのではなく、企業統治、すなわち文化を作ることを念頭に置いた共通言語の獲得を達成水準とします。

　データマネジメント層の活動を一言で言うなら、「PDCAサイクルを回す」です。各システム開発プロジェクトの計画に基づいてレビュータイミングを決め、ルールに違反していないかチェックし、一定の期間を空けてレビュー方法を評価し、改善し、次に繋ぐサイクルです。

　また、データマネジメント層で解決できなかった問題は、データガバナンス層にエスカレーションします。こちらについても、詳しくは既刊『DXを成功に導くデータマネジメント』の第2章をご覧ください。

● 図2.4.4　データマネジメント層のプロセス

◆　システム開発層
　システム開発層は、IT部門が行っている通常のシステム開発（保守含む）

の活動です。経営戦略から導かれたビジネス施策に基づいてIT戦略を考え、要件定義、設計、製造、保守を行います（図2.4.5）。IT部門は情報システムのガバナンスの一環として、システム開発工程のプロセス標準ガイドライン（通称「開発標準」）を作ります。この開発標準の一部にデータマネジメント層のレビュープロセスを設けて、必ずこのゲートを通るルールにします。これにより、データガバナンスが行えるようになります。

対象システムは業務システムだけではありません。データ活用基盤やMDMシステムといった共通基盤系のシステムに対しても、この層で行います。

● 図2.4.5　システム開発層のプロセス

◆　オペレーション層

オペレーション層は、データの登録、修正、削除を実施します（図2.4.6）。企業内で生成される全てのデータはこの層で値のメンテナンスが行われます。マスターデータ登録システム、業務システムに含まれるデータはもちろん、要約、断面、在庫といった情報系データに関してもシステムが自動で登録や修正を行っていると解釈できることから、オペレーション層に含まれます。

なお、オペレーション層の中心的な統制内容は、値に対する品質維持です。よって、全てのデータは登録によって生まれるため、データの登録、修正、削除の精度を高くしていくことがデータ品質向上の近道と言えます。

● 図2.4.6　オペレーション層のプロセス

架空の家電メーカーA社の例

システム開発者にとって一番馴染みのない「データガバナンス層のデータ

要件とデータマネジメント施策」の理解を深めるために、架空の家電メーカ
ーＡ社を例示します。なお、組織、基盤、教育作りは第4章以降で詳しく解
説するため、ここでは割愛します。

　まずは図2.4.7をご覧ください。Ａ社の経営戦略の一部です。以下、Ａ社の
経営戦略のビジネス施策に基づいて、マスターデータに関するデータ要件と
データマネジメント施策を抽出する方法について説明していきます。

当社の家電製品は国内売上でトップとなり、デバイス機器からのデータを活用した
新商品開発やイベントによる顧客体験が成功し、レンタルサービスの売上が向上し
ました。
中長期計画ではアジア圏のシェア拡大に軸足をおいて、以下の4施策を実施します。

1. アジア圏を中心に顧客の体験価値向上のための社員の育成
　・社員のナレッジ共有、体験学習の実施、人材育成のデータ分析を実施
2. 顧客分析の強化
　・店頭販売向けの顧客データ、デバイス機器の利用者データ、イベント参
　　加者の会員データの統合を行い、より高度なデータ分析を実施
3. グローバル化に向けたコンプライアンス向上
　・顧客データの品質向上、セキュリティ強化
4. グローバルレベルでのコスト削減
　・アジア各国の在庫共有、各国の業務プロセスの標準化

● 図2.4.7　架空の家電メーカーＡ社の経営戦略の一部

◆　**①経営戦略からビジネス施策の抽出**

　Ａ社の経営戦略では、アジア圏のシェア拡大を目指す4施策がビジネス施策
です（図2.4.8）。記載粒度は、経営戦略（中期経営計画や3カ年計画など）に
書かれている実施事項のタイトルそのものか、抽象的な場合は内訳を記載し
ます。

ビジネス施策
1. アジア圏を中心に顧客の体験価値向上のための社員の育成
2. 顧客分析の強化
3. グローバル化に向けたコンプライアンス向上
4. グローバルレベルでのコスト削減

● 図2.4.8　ビジネス施策の抽出

◆ ②ビジネス施策からマスターデータ要件の抽出

A社のビジネス施策からマスターデータに関する要件を抽出しました（図2.4.9）。

着眼点は基盤作り、組織作り、教育作りに対するそれぞれの実施有無です。具体的には、基盤作りであれば統合の有無やシステム開発の有無、組織作りであれば管理体制の構築有無やルール・プロセスの作成有無、教育作りであれば教育環境の構築有無や評価制度の策定有無などが挙げられます。

データ要件のタイトルは、基盤、組織、教育のうち、中心となる実施事項を代表して記述し、その説明も記述します。説明は、図2.4.9でいうところの解説にあたる部分です。

項目	内容
ビジネス施策1：アジア圏を中心に顧客の体験価値向上のための社員の育成	
データ要件	社員データの整備
解説	社員マスターは人事部が管理していると想定できるため、社員マスターの統合はないと判断しました。しかし、人事部の長年の運用により、社員データの品質は劣化していると想定し、人事部のデータガバナンスルール（契約社員や出向社員の扱い、退職者のデータ保持期間、データの正確性の担保方法など）とオペレーション層のプロセス（登録、修正、削除）を確認の上、「社員とは何か」といった定義を見直す必要があると考えました。よって、社員データの整備をデータ要件としました。
ビジネス施策2：顧客分析の強化	
データ要件	統合顧客マスターの構築
解説	店頭販売向けの顧客データ、デバイス機器の利用者データ、イベント参加者の会員データの統合を行うことから、統合顧客マスターの構築をデータ要件としました。高度なデータ分析が目的なので、データアーキテクチャは名寄せ型を想定し、自動名寄せと自動名寄せではじかれたデータに対する手動名寄せのための組織作りを検討する必要があると考えました。
ビジネス施策3：グローバル化に向けたコンプライアンス向上	
データ要件	顧客データの整備
解説	統合顧客マスターに対して、データ移行した初期段階は、データ品質が高く、正確性が担保されていると思います。しかし、データ品質の拠り所となるデータ定義が曖昧だと、すぐに劣化してしまうため、データ項目一つひとつに定義を決めて、品質の維持体制を組む必要があると考えました。よって、顧客データの整備をデータ要件としました。
ビジネス施策4：グローバルレベルでのコスト削減	
データ要件	統合品目マスターの構築
解説	アジア圏に進出する際に製品や部品といった品目マスターが各国で共有されていないと在庫の把握ができないため、品目マスターのコード統一が必要であると考えました。また、各国の業務プロセス標準化に伴う業務効率化を考えると、業務間で共有すべき重要なデータ項目を決めて、統一コードで同じデータにアクセスできるデータ構造が必要であると考えました。よって、品目マスターのコード統一と属性の共通化を踏まえ、統合品目マスターの構築をデータ要件としました。

● 図2.4.9　マスターデータ要件の抽出

◆ ③マスターデータ要件のデータマネジメント施策の抽出

　ここでのデータマネジメント施策（＝データ要件の達成に必要なデータマネジメントとして実施すること）は、「どのような管理機能が必要かを決める」程度に留めています（図2.4.10）。

　実務では、管理機能ごとに一段階掘り下げて詳細化し、実施したいことを2～3個に留めて書きます。なお、物理実装に関する管理機能については、実務上、IT部門のDBA（Database Administrator）が方針を定めて統制しているため、本書でもシステム保守・運用の一貫として、システム開発層に含めています。

項目	内容
データ要件1：社員データの整備	
データマネジメント施策	メタデータ管理、データモデル管理、データ品質管理、データ連携管理、データセキュリティ管理
解説	人材育成に関する高度なデータ分析が求められていることから、システム開発層ではデータ活用基盤上に分析用の社員マスターを構築する必要があると考えました。 このことから、データマネジメントとして、社員マスターのメタデータ管理、データモデル管理、データ品質管理、データ連携管理を実施すべきと考えました。また、別のビジネス施策でコンプライアンス向上が挙げられており、社員マスターも機微な情報が含まれると想定し、データセキュリティ管理も含めることにしました。
データ要件2：統合顧客マスターの構築	
データマネジメント施策	データアーキテクチャ管理、メタデータ管理、データモデル管理、データ品質管理、データ連携管理、データセキュリティ管理
解説	顧客に関する高度なデータ分析が求められ、統合顧客マスターの構築が明文化されていることから、システム開発層ではデータ活用基盤上に名寄せ型の統合顧客マスターを構築する必要があると考えました。 このことから、データマネジメントとして実施すべきことは、システム開発層が開発や保守で迷わないようにマスターデータのアーキテクチャとデータ連携の指針作りおよび管理機能の構築が必要であると考えました。また、統合顧客マスターのデータ整備が必要なことから、社員マスターと同様にメタデータ管理、データモデル管理、データ品質管理、そして機微な情報を扱うことを想定したデータセキュリティ管理が必要であると考えました。
データ要件3：顧客データの整備	
データマネジメント施策	データ品質管理、データモデル管理、データセキュリティ管理
解説	コンプライアンス向上が求められていることから、システム開発層では「データ要件2：統合顧客マスターの構築」の中のデータ連携の場面で行うバリデーションチェックに重点を置いて設計すると想定しました。また、セキュリティ強化も求められることから、機微な情報に対して「別テーブル化、マスキングの実施、アクセス制御」など、非機能要件で検討することも想定しました。 このことから、データマネジメントとして、品質管理基準の策定、データモデル設計ガイドラインの策定、セキュリティルールの策定およびこれらの管理プロセスの構築を実施すべきと考えました。

● 図2.4.10　マスターデータマネジメント施策の抽出（次ページに続く）

データ要件4：統合品目マスターの構築	
データマネジメント施策	データアーキテクチャ管理、メタデータ管理、データモデル管理、データ品質管理、データ連携管理、データセキュリティ管理
解説	アジア各国の在庫共有と業務プロセスの標準化より、統合品目マスターの構築が明文化されていることから、業務システムの再構築が必要と想定しました。システム開発層では統合品目マスターからの配信を段階的に行うと想定し、HUB型アーキテクチャが求められると考えました。 このことから、データマネジメントとして実施すべきことは、「データ要件2」で挙げた管理機能が必要であると考えました。なお、品目マスターの検討において、機微な情報を扱う可能性があるとしたら研究開発データとなることから、セキュリティ管理の実現も必要であると考えました。

● 図2.4.10　マスターデータマネジメント施策の抽出（続き）

従来のMDMの範囲と問題点

　従来のMDMの範囲は、システム開発層とオペレーション層のみでした（図2.4.11）。理由はデータガバナンスやデータマネジメントの必要性について、経営者をはじめ、大半の方が理解されていなかったからです。

　このことから、新規業務要件に伴うカラム追加（統合要件や業務プロセス・ルールの変更に伴うデータ項目の追加など）は、通常のシステム保守の範囲内で改修することがほとんどでした。コストを抑えつつ、影響を最小限に留める必要があるため、別テーブルを作るという対応をとっていました。また、システム間連携もバケツリレーになりがちで、障害時の影響範囲の広がりがリスクとなっていました。

　さらに、データアーキテクチャがないために、システムごとに個別マスターを作るケースも見受けられました。例えば、人事マスターを使わずにシステムログインユーザーのマスターデータをシステムごとに別途作るようなケースが該当します。

　これらの問題は、経営者の意識に原因がありました。当時、システム保守はコストであるとして、人的リソースを減らす傾向にありました。結果、少しでも改修コストを下げて対応することが求められていたため、このような継ぎ接ぎシステムになってしまったのです。

　しかし、昨今のDXやデータ活用の潮流により経営者の意識も変わり、データマネジメントの重要度が高くなったことから、人的リソースを確保できるようになりました。現在のMDMは、本来の姿であるデータガバナンス層、

データマネジメント層も含んだ範囲での実現が可能となりました。

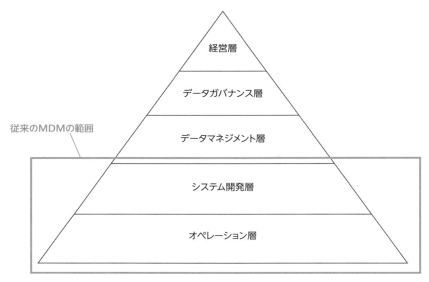

● 図2.4.11　従来のMDMの範囲

実務的な進め方と問題点とその解決法

MDMの定義に基づくと、一元管理と仕組みが求められます。ビジネス戦略によって進め方が変わるため、ここでは「組織戦略・M&A戦略」と「DX戦略」の2つに分けて考えていきます。

◆ 組織戦略・M&A戦略に基づくMDM

組織戦略・M&A戦略に基づくMDMでは、より確実に利益を得るための基盤作りに重点を置いているため、仕組みよりも先に一元管理の実現、すなわちシステム開発が優先される傾向にあります（図2.4.12）。

理想は、経営戦略に基づいてIT戦略とデータマネジメント戦略を分け、それぞれの専門部門で検討し、IT戦略ではMDMシステムの開発・保守の方針、データマネジメント戦略ではMDMの仕組み作りの方針を打ち出す必要があります。しかし、現実はIT戦略の中にデータマネジメント戦略を含め、MDMの仕組みを検討することから、システム開発・保守のための仕組み作りとな

り、範囲が限定的になります。例えば、データ構造のみを統制するような施策が掲げられ、データモデル管理とメタデータ管理のみ対応する組織作りになるといったことです。

　よって、システム開発の問題を解決する現実的な方法としては、業務側の責任者や担当者を巻き込んで、MDMの検討範囲を広げる取り組みが望まれます。具体的には、データの所有者でもあるデータオーナーと協調し、メタデータやアプリケーションデータの品質の劣化、データセキュリティが浸透しないといった問題を生じさせないように検討します。

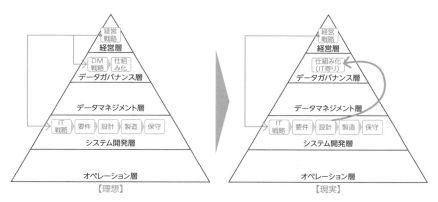

● 図2.4.12　組織戦略やM&A戦略でのIT部門主体の進め方の理想と現実

◆　DX戦略に基づくMDM

　DX戦略に基づくMDMでは、一元管理と仕組み作りが並行して行われます。MDMを必要とするタイミングは、ある程度データ活用が進み、個別のデータ活用要件に合わせたマスターデータの整備にムダを感じ始めたときです。

　この時期は領域横断のデータ活用が求められるため、データ活用基盤内に統一コードと基本的なデータ項目を持たせる必要があります。領域横断でマスターデータを利用するため、利用にあたっての取り決めとして、データが汚れないようにデータ品質を守らせるためのルール、コンプライアンス向上のためのデータセキュリティルールやデータオーナーの設置を考えます。また、他領域のデータを使うため、辞書としての役割を果たすメタデータ管理も考えます。これらと並行して安定的なデータ構造を設計します。

DX推進部門の中にデータマネジメントチームが設置されるため、データマネジメントの範囲はデータ活用基盤に限ります。よって、現実的な進め方は、全社視点のデータガバナンス組織が設置されるまでは、暫定的にDX推進部門でデータ活用のシステム基盤が汚れないようにデータガバナンスとデータマネジメントを実施します。MDMにおいてもこの考え方に則って、範囲を限定して進めます。

各層で生成されるデータの責任者について

後掲の図2.4.13は各層から導かれるデータの種類を示したものです。この図からわかる通り、各層でデータ（メタメタデータ、メタデータ、アプリケーションデータ）が生成されます。よって、各層のデータに対する所有者を明確にして、資産の所有者として責任を担ってもらう必要があります。この責任者をデータオーナーと呼びます。

◆ オペレーション層の場合

オペレーション層のデータは、アプリケーションデータです。例えば、顧客マスターの「顧客コード：001、顧客名：伊藤、住所：東京都中央区」のうち、「001、伊藤、東京都中央区」がアプリケーションデータ、つまり値です。このアプリケーションデータは、業務部門がデータオーナーとなります。

◆ システム開発層の場合

一方、「顧客コード、顧客名、住所」はアプリケーションに関するメタデータ、つまり器です。本書ではアプリケーションメタデータと呼ぶことにします。このメタデータはシステム開発層のデータで、システム開発や保守におけるデータモデル図やデータ定義書から生成されるものです。IT部門がネーミングや意味を整えて設計することから、アプリケーションメタデータのデータオーナーはIT部門となります。

◆ データマネジメント層の場合

データマネジメント層のデータは、データ品質の基準（正確性、完全性、適時性などの基準）やデータセキュリティの基準（機密レベルの設定、個人情

報か否かなどの基準）をデータ項目単位に設定するため、メタデータです。これを本書ではデータマネジメントメタデータと呼ぶことにします。目標値を整えて設定し、測定するのはデータマネジメント部門であることから、データマネジメントメタデータのデータオーナーはデータマネジメント部門となります。

◆ データガバナンス層の場合

データガバナンス層のデータは、メタデータのメタデータ（＝メタメタデータ）です。例えば、データマネジメント施策によってデータ品質管理を実施することになり、データ品質の基準をCDE（Critical Data Element：意思決定に必要な重要なデータ）に対して、正確性のみを測定すると決めたとします。この場合、「CDE対象フラグ、正確性の目標値、測定結果」をメタデータとして認識し、メタデータ構造図を使って、どこに配置するか考える必要があります。この場合はデータ項目ごとに設定できるようにします。

このように、メタデータの要件を生み出すのは、データガバナンス層で決めた施策に基づくルールであることから、データガバナンス層のデータオーナーはデータマネジメント部門となります。

◆ データオーナーは誰が適切か

本書ではシステム開発層とデータマネジメント層のメタデータについて「整える」という表現を使っています。これは「業務部門が使っている業務用語」や「業務部門の要求に基づいたデータ品質の基準値」を考えた後、最終的には全体を見て調整し、標準化を図る必要があるため、調整の意味を込めて、「整える」としました。

厳密にはアプリケーションメタデータもデータマネジメントメタデータも業務部門の要件に基づいて決めるため、業務部門をデータオーナーとしたほうが正しいかもしれません。しかし、メタデータというのは、マスターデータと同じく全社で共有される辞書のようなものなので、標準化が重視されます。このことから、筆者は取りまとめ部門であるデータマネジメント部門をデータオーナーとしたほうが望ましいと考えています。

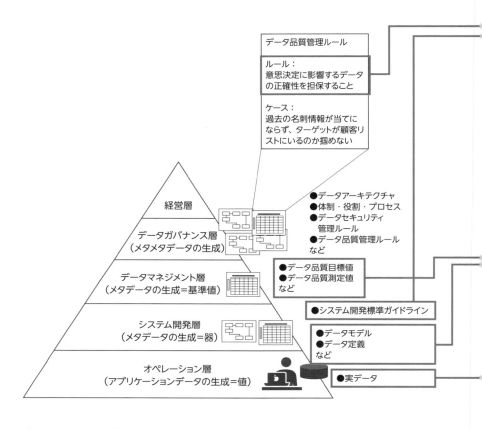

データ品質管理ルール

ルール：
意思決定に影響するデータ
の正確性を担保すること

ケース：
過去の名刺情報が当てに
ならず、ターゲットが顧客リ
ストにいるのか掴めない

経営層

データガバナンス層
（メタメタデータの生成）

●データアーキテクチャ
●体制・役割・プロセス
●データセキュリティ
　管理ルール
●データ品質管理ルール
など

データマネジメント層
（メタデータの生成＝基準値）

●データ品質目標値
●データ品質測定値
など

システム開発層
（メタデータの生成＝器）

●システム開発標準ガイドライン

●データモデル
●データ定義
など

オペレーション層
（アプリケーションデータの生成＝値）

●実データ

● 図2.4.13　各層から導かれるデータの種類

アプリケーション
メタメタデータ

データマネジメント
メタメタデータ

データ項目	意味	型	桁	制約	品質対象	目標値	測定値
顧客番号	・・・	文字	3	必須			
企業名	・・・	文字	20	必須			
所在地	・・・	文字	50				
年商	・・・	文字	20				
顧客ランク	・・・	文字	20				
所属部門	・・・	文字	20				
担当者名	・・・	文字	20				
役職	・・・	文字	20	必須	○	100%	・20XX年までは90% ・19XX年から含めると70%

アプリケーションメタデータ

データマネジメントメタデータ

顧客番号	顧客名	所在地	年商	顧客ランク	所属部門	担当者名	役職
001	WEST卸	大阪	4000億円	A	IT統括部	伊藤	係長
002	EAST電気	東京	6000億円	A	システム部	佐藤	担当者
003	北武百貨店	仙台	1兆円	B	情報システム部	田中	課長
:							
:							
:							
:							
111	南武百貨店	福岡	8000億円	C	DX推進部	鈴木	部長

アプリケーションデータ

- データは資産であり、所有者がいる
- 所有者として責任を担う必要がある
- 通常はアプリケーションデータが資産としてフォーカスされがちだが、メタデータやメタメタデータも企業にとっては大切な資産であることを忘れてはいけない

COLUMN

R&Rで文化圏を作る

　筆者が拠り所にしているMDMの考え方は、バリューチェーンモデルとR＆Rモデルです。いずれも故 椿正明氏（株式会社データ創業者 工学博士）が述べた考え方で、筆者の原点です。

　これから紹介するのはR＆Rモデルの考え方です。伝えたいメッセージは「完全な業務アプリケーションシステムにはR＆Rが不可欠である」ということです。図2.4.14は椿氏のオリジナル図です。

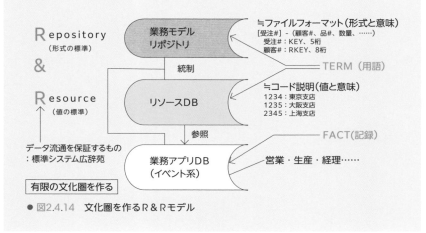

● 図2.4.14　文化圏を作るR＆Rモデル

　椿氏は、"Repository"と"Resource"を用いて限定的な文化圏を構築すると述べています。ここでの"Repository"はファイルフォーマット（形式と意味）を、"Resource"はコードの説明（値と意味）を指しています。これらによりデータの流通が保証されると述べています。つまり、標準化されたシステムの辞書を作り、その辞書を用いてデータを流通させるという考え方です。共通言語は文化を形成する必要条件であるため、"Repository"と"Resource"（頭文字を取ってR＆Rと呼ばれています）によって文化を創造するというのが椿氏の主張です。

　なお、業務モデルリポジトリに格納されているデータは「メタデータ」、リソースDBに格納されているデータは「マスターデータ」、業務アプリDBに格納されているデータは「イベントデータ」です。

　リソースDBと業務アプリDBの間にある「参照」の線は、イベントを説明する要素でもある「Who（誰が）、Whom（誰に）、Where（どこで）、What（何を）」といった名詞を参照するという意味です。

　企業全体で共有されているマスターデータをイベントデータが参照することで、イベントデータの用語（名詞）が統一されます。これにより、業務間の情報伝達の効率化が図られます。また、データ活用時に同じ用語で集計や分析ができるため、データ活用の生産性も向上します。

　ここからは筆者の考えも入りますが、図2.4.14で示している通り、マスターデータは「値」です。このことから、値が現実世界と乖離しないように維持することがMDMの本質だと言えます。データライフサイクルはもちろんのこと、企業全体として取り決めたルール、例えばデータ倫理やデータセキュリティに関するルールも含めて現実世界です。ただし、全てを網羅することは経済的に非効率なので、データ要件の達成に必要なデータマネジメント施策に絞り、優先順位をつけてコストに合うかたちで進めていくことが推進リーダーには求められます。

　値を効率的にマネジメントするためには、器の中身が汚れないように制約を設けることが重要です。具体的には、何を入れる容器なのか、何を入れていいのか、何を入れてはならないのかといった定義を明確にします。これらの定義はデータ定義と呼ばれ、メタデータ管理プロセスの中で維持されます。図2.4.14でも統制という言葉を使っています。

　つまり、メタデータを管理するということは、データに対してガバナンスを効かせていることを意味します。MDMの活動は、「値」と「器」の両方が揃って活動できることを示唆していると言えます。

12 統制された マスターデータを知る

▦ 統制されたマスターデータとは

　統制されたマスターデータとは、企業が決めた「管理方針・ルール」に基づいて作られたデータのことです。統制されたマスターデータに対して、企業の従業員全員が統一的な理解をもっています。

　統制されたマスターデータは、企業全体で取り決めた方針やルールによって安心・安全・安定が担保されています。

▦ 3つの安：安心・安全・安定の担保とは

　データ活用の促進は、これら3つの安の確保に大きく依存します。よって、ここからはデータに対する「安心・安全・安定」が具体的に何を意味するのか、詳細に見ていきます。

◆ 安心
安心とは、信頼できるデータを提供することです。

　そもそも、データとは事実（モノ・コト）を写像したものです。刻々と変化する事実を捉え、タイムリーにデータを作り続ける必要があります。事実に即したデータは正確さを高め、データ活用者の意思決定に使ってもらえるようになります。

◆ 安全
安全とは、倫理、セキュリティ、プライバシー、コンプライアンスを遵守し、データの保護を確保することです。

　そもそも、データは不特定多数の人が参照できるため、利用に対する制限をかける必要があります。特にマスターデータは全社で広く利用されるため、個人情報や機密情報に対する倫理的な取り扱いや、セキュリティ、プライバシー、コンプライアンスに関する方針やルールがないと困ることになります。

　保護されたデータは企業の信頼性、ブランドイメージ、法令遵守や情報漏洩リスクの軽減に直結するため、企業を守ることに繋がります。

◆　**安定**

　安定とはスピーディーに欲しいデータを提供することです。

　そもそも、データは簡単に複製できるため、定期的にデータの整理・整頓・清掃を行う必要があります。特にマスターデータは全社で広く利用されるため、マスターデータの汚れや類似マスターデータの乱立は、入手コストの点で致命的です。

　整理・整頓・清掃が行き届いたデータはデータ活用者が必要なデータを簡単に入手できるようになることから、モチベーションの低下を防ぐことができます。

分類	管理機能	興味・関心	提供内容	実現に必要なこと	なぜ必要か
安心	データ品質	値	信頼できるデータを提供する	正確なデータを作り続ける	不正確なデータによる意思決定で使われないリスクの軽減
安全	データセキュリティ	ルール	データの保護を提供する	制限を設ける	情報漏洩リスクの軽減
安定	データ構造	器	データの可読性を提供する	データを整理・整頓し続ける	探す労力に伴うモチベーション低下の軽減

● 図2.5.1　統制されたマスターデータの提供内容

Point!　統制されたマスターデータとは

- 企業が取り決めた管理方針・ルールに基づいている
- 従業員全員が統一的な理解をもっている
- 安心、安全、安定が担保されている

資源とは、マスターデータであることが腑に落ちている	✓	2.1（RULE08）
MDMが一元管理のみならず、仕組みも必要としている理由を説明できる	✓	2.2（RULE09）
一元管理を必要とする背景と目的を理解している	✓	2.3（RULE10）
仕組みのフレームワークを使って各層の活動と成果を説明できる	✓	2.4（RULE11）
なぜ、安心・安全・安定の担保が必要なのか説明できる	✓	2.5（RULE12）

第 3 章

共通認識構築の
メカニズム

本章では、管理対象と関係の本質を知り、ファシリテーターが覚えておくべき共通認識を構築するメカニズムを解説します。

最初にデータモデリングの基礎知識を知り、なぜMDMにデータモデリングが必要なのか見ていきます。

次に認識の齟齬が原理的に起こることを知り、価値判断基準と認識の更新タイミングを管理することが「管理の本質」であることを理解します。

最後に関係の本質を知り、共通認識を構築するメカニズムがデータモデリングと同じであることを押さえ、ファシリテーターが意識することを説きます。

13 MDMにおけるデータモデルの必要性を理解する

▦ MDMにおけるデータモデルの必要性

データモデルは共通概念を作るためのツールです。詳しくは、既刊『DXを成功に導くデータマネジメント データ資産価値向上と問題解決のための実務プロセス75』の10.2（RULE67）をご覧ください。

MDMにおいて、「商品」や「顧客」といった業務遂行上必要な経営資源に対する共通概念を定義するためには、データモデルが有用です。概念を定義するには、他の概念との関係から導く必要があるため、「構造化言語（＝データモデル）」で概念の関係性を明確にし、「テキスト言語（＝データ定義）」で定義することになります。

定義された概念は、全社員が頭の中にインプットする必要があります。理由は、概念の曖昧さに伴う業務活動のロスを生じさせないためです。

◆ 業務活動でロスが生じてしまう例

例えば、商品という概念に対して、リアル店舗では店頭で販売できる商品だけを指し、ECサイトではネット販売の特性を活かし、店頭では扱えない小ロットの商品までを指していたとします。ここで、「商品という名前が一致している」という理由だけで両者を統合して扱った場合、リアル店舗でも小ロット商品を扱えるよう、業務ルールを変更する必要があります。

これは一見すると業務ルールのみの変更のように見えますが、実際はリアル店舗の在庫補充コストや輸送コストの面で考えると、何往復も頻繁に商品を補充することになり、生産性を下げてしまうことになります。このケースにおいては、店頭商品とEC商品を区別し、商品共通の概念と店頭・EC固有の概念に分けて定義すべきだと言えます。

ここでは少し難しい話をしましたが、データモデリングは単なるデータの整理だけではなく、共通概念を作る重要なツールであることを理解してください。

COLUMN

データモデルの表記法

本書で用いるデータモデルはTHデータモデル（THモデルと表記することもある）を使用します。THデータモデルは、1975年に発表されて以来、建設業、製造業、金融業、小売業、サービス業などのリーディングカンパニーをはじめ、多くの企業に支持されています。このモデルは理論に留まらず、数十年にわたり、現場での適用と改善を重ねてきた世界に類を見ない洗練されたデータモデルです。

一般によく知られているデータモデルとしては、Peter Chen博士によって提案され、IDEF1Xとして米国で標準化されたERモデル（Entity Relationship Model）があります。1975年に発表された当時のERモデルは、表記の点でTHデータモデルといくつかの隔たりがありましたが、現在ではTHデータモデルとかなり近似してきており、互換性も高くなっています（図3.1.1）。

THデータモデルは、故 椿正明博士と故 穂鷹良介博士（筑波大名誉教授）により開発されたデータモデルです。「TH」とは、2人の頭文字（TsubakiとHotaka）を取ったものです。エンタープライズ向きで、全社のデータ構造を明らかにする際に有用です。四則演算や論理式で導かれるような加工データも扱えるようになっています。これは業務設計を精緻に行うことでシステム開発の手戻りを発生させないという考えによるものです。

マスターデータの整備は全社共通の統合マスターを設計することがほとんどであることから、THデータモデルに基づく整理は非常に有用です。

本書でのTHデータモデルの解説は、マスターデータの整備に必要な考え方に絞ります。データモデルの作成方法や詳細な文法については、今後別の書籍で紹介できればと思っています。現在は販売されていませんが、『名人椿正明が教えるデータモデリングの"技"』（椿正明、翔泳社）がお薦めです。図書館で見かけたら読んでみてください。筆者のデータモデルの考え方の原点です。

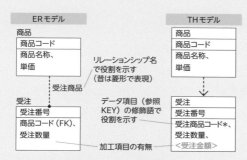

● 図3.1.1　ERモデルとTHモデルの違い

データモデルの構成要素を押さえる

▦ 管理対象・関係・属性の概略

データモデルとは、現実世界において、どのような対象が管理され【＝管理対象の集合】、それらの対象について、どのような性質が管理され【＝属性】、対象間にどのような関係があるのか【＝管理対象間の関係】をデータの視点で図示するものです（図3.2.1）。

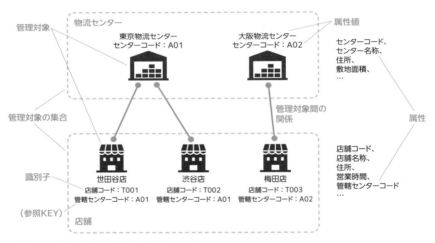

● 図3.2.1　管理対象・関係・属性のイメージ

◆ データモデルの表記で使用する用語と表記

図3.2.1の用語をデータモデルの表記上の用語にすると、図3.2.2のようになります。

図3.2.3は図3.2.1の現実世界をデータモデルで表記したものです。

現実世界の用語	データモデルの用語
管理対象	エンティティ・オカレンス（略称エンティティ）
管理対象の集合	エンティティ・タイプ
関係	リレーションシップ
属性	データ項目
属性値	値
識別子	KEY（エンティティを識別するデータ項目）
なし	参照KEY or RKEY（KEYを参照するデータ項目）

● 図3.2.2　現実世界とデータモデルの用語の対応関係

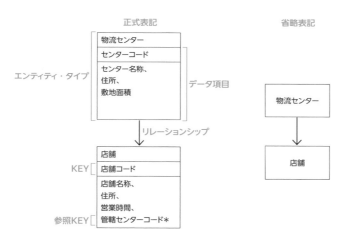

● 図3.2.3　図3.2.1をデータモデルで表記

Point!　データモデルで表現されている箇所

- **管理対象の集合＝エンティティ・タイプ**
- **関係＝リレーションシップ**
- **属性＝データ項目**

15 管理対象の本質を知る

⠿ 認識とは

　認識とは、知識や経験、価値観といった信念によって構築された価値判断基準に基づいて、外部からの情報（＝対象）と照らし合わせて、脳が解釈し、意味を付けて理解する過程を指します（図3.3.1）。

　このことから、一人ひとり同じ認識を持つことは原理的にあり得ません。

◆ 現実世界の変化と認識の更新のタイムラグ

　認識の更新には、現実世界と異なりタイムラグが生じます（図3.3.2）。

　現実世界の対象は絶えず変化しますが、認識は人が知覚しない限り、更新されません。

◆ 認識の齟齬のケース

　個人の経験や価値観といった価値判断基準の違いによって捉え方が異なることから、認識の齟齬は原理的に常に生じます。ただし、同じような文化で育っている人同士であれば、認識の齟齬は縮まります。

　また、認識の更新は個人に委ねられていることから、更新タイミングの違いによっても認識の齟齬は生じます。

　図3.3.3は認識齟齬をイメージしたもので、捉え方の違いを色で表現しています。AさんとBさんは「価値判断基準が同じだが、タイミングが異なる」、BさんとCさんは「タイミングが同じだが価値判断基準が異なる」、AさんとCさんは「価値判断基準もタイミングも異なる」というケースを表現しています。

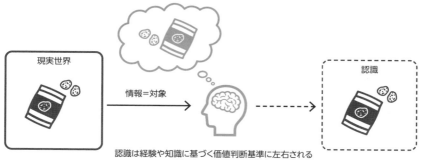

情報＝対象

認識は経験や知識に基づく価値判断基準に左右される

● 図3.3.1　認識のプロセス

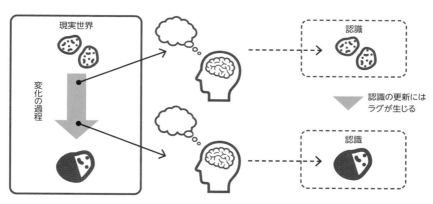

● 図3.3.2　認識の更新の特性

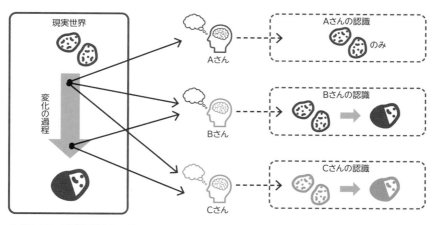

● 図3.3.3　認識齟齬のケース

▦ 管理対象とは

　ビジネス活動では、認識の齟齬はコミュニケーションの質に悪影響を及ぼします。その結果、業務プロセスの生産性が低下します。

　そこでビジネス活動においては、共通文化を作るための価値判断基準の標準化と認識の更新タイミングを合わせるためのルールを作り、プロセスを回す必要があります（図3.3.4）。これが、「対象に対する管理」の本質的な意味です。

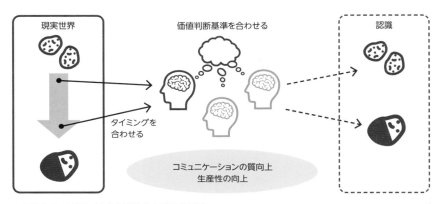

● 図3.3.4　対象に対する管理の本質的な意味

　価値判断基準とは、認識する対象を決める基準のことです。その決め方は絞り込みを行うことです。ただし、最終判断は個人に委ねられるため、個別具体的な基準は定められません。そこで観点を共有することでその差を縮める考え方を取ります。これを「標準化」と言います。

　絞り込みの観点とは、対象に対する共通認識を作ることにより「業務プロセスの生産性が向上するか否か」です。

　管理すると決めた対象とは、管理するだけの価値があり、現実世界の変化に対応して更新し続けるプロセスが伴う対象とも言えます。これを本書では「管理対象」と呼びます。

▦ 共通認識を作ることがマスターデータ整備の肝

認識の差は、タイミングの差よりも文化の差によるところが大きいです。ここでは「部門内」と「部門間」の2つのケースについて考えてみます。

同じ部門内で仕事をする人同士は、同じ経験に基づく価値判断基準が出来上がっていることから、共通認識が得られやすい状況にあります。このことから、1つの部門に閉じた業務活動の範囲でデータモデリングを実施する場合は、ある程度の共通の概念があるため、社員同士の認識の齟齬による合意形成の難しさはありません。

しかし、部門をまたぐと話は別です。複数の部門の仕事を経験している人は少なく、認識対象に対する記号（＝エンティティ名、データ項目名など）も異なります。そもそも同じ認識でいるかもわかりません。

実はこの点がMDMにおける統合マスターの整備の肝であり、一番難しい点です。共通認識を構築するための「合意形成」を図るためにも、それぞれの部門の活動を理解した上で管理対象への概念を共有し、共通の認識と記号を作ることが、ファシリテーターに強く求められます。

3.4 RULE 16 エンティティの意味を押さえる

::: エンティティとは

　本書ではエンティティを「管理対象」に１：１で対応付くデータモデルの世界の言葉とします。「管理対象＋管理目的＝エンティティ」とする考え方もありますが、管理目的とは、対象を業務の用途やタイミング、コンプライアンスの観点で分けることを言っています。本書ではこれらの違いも管理すべき対象が異なると捉え、「管理対象＝エンティティ」とします。

　エンティティという言葉には2つの意味があり、管理対象を示すエンティティ・オカレンスと、同じ種類で管理対象を集合させたエンティティ・タイプがあります（図3.4.1）。本書では、エンティティといった場合はエンティティ・オカレンスの意味で扱い、エンティティ・タイプは略さないで使うものとします。

● 図3.4.1　管理対象とエンティティの関係

::: 管理対象の復習

　3.3（RULE15）で解説した通り、管理対象とは管理するだけの経済的価値のある対象のことです。

　例えば、小売業を顧客に持つ商社では、社員（＝伊藤、田中、山田など）、顧客（＝北武百貨店、南武百貨店、WEST卸など）、商品（＝ポテトチップ

88

ス、チョコレート、ケーキなど）といった資源に対応付く対象や発注（＝AB卸 ポテトチップス 100個、XYZ食品 チョコレート 50個など）、受注（＝北武百貨店 ポテトチップス 50個、南武百貨店 ケーキ 100個など）といった出来事に対応付く対象を認識することができます。これらの対象は管理する必要があるため、管理対象となります。

Point!　エンティティとは

- 現実世界の管理対象をデータモデルの世界ではエンティティと言う
- 管理対象一つひとつに対応付く言葉はエンティティ・オカレンスと呼ぶ
- 管理対象の集合に対応付く言葉はエンティティ・タイプと呼ぶ

⣿ エンティティ類型

エンティティ類型とは、データの性質に基づいてエンティティを分類する方法です。エンティティ類型は大きく3つの系統からなります（図3.4.2）。

名称	説明
リソース系	企業や組織が所有する資源
イベント系	業務遂行における出来事
情報系	出来事の結果を集計・分析したもの

● 図3.4.2　エンティティ類型の3系統

◆ リソース系

リソース系は「企業や組織が所有する資源」を表します。エンティティの性質から、図3.4.3のように細分化されます。

名称	説明
オカレンスリソース	組織、人、場所、個々の物体など個体を表す。 例）社員 ⇒会社というスコープ内で個人を表す。
タイプリソース	分類を表します。 例）商品分類 ⇒商品機能や特徴から、商品が所属するカテゴリーを表す。
関連リソース	リソースとリソース間のN対Mの関係を表す。 例）社員プロジェクト ⇒1人の社員が複数のプロジェクトに関わることもあり、また1件のプロジェクトは複数の社員がアサインされる。その関係を表す。

● 図3.4.3　リソース系のエンティティ類型

◆ **イベント系**

　イベント系は「業務遂行における出来事」を表します。エンティティの性質から、図3.4.4のように細分化されます。

名称	説明
通常イベント	行為、指図など、業務遂行における出来事を表す。 例）受注 ⇒企業が行う業務の1つである「受注」を表す。
異動イベント	リソースなどの状態を変化させる出来事を表す。 例）社員所属異動 ⇒社員（リソース）の所属（その状態）が変化する出来事を表す。

● 図3.4.4　イベント系のエンティティ類型

◆ **情報系**

　情報系は「出来事（イベント）の結果を分析・集計したもの」を表します。エンティティの性質から、図3.4.5のように細分化されます。

名称	説明
要約	出来事の結果を期間で集計する。 例）月別商品販売実績 ⇒「販売」に関するイベントエンティティを月単位で集計した実績を表す。
在庫	出来事の結果で増減する残数を持つ。 例）預金残高 ⇒「入金」と「出金」に関するイベントエンティティの結果である残高を表す。
断面	出来事によって変化する対象を定期的に観測する。 例）月末倉庫別在庫 ⇒常に変化する「在庫」の月末時点の状態を表す。

● 図3.4.5　情報系のエンティティ類型

Point!　マスターデータ整備とエンティティ類型の関係

- リソース系はマスターデータの整備対象そのものである
- イベント系の異動イベントはマスターデータの履歴に対応する
- イベント系の通常イベントはマスターデータの役割を明らかにする
- 情報系は分析軸の標準化にマスターデータのコード標準が必要になる

17 関係の本質を知る

▦ 関係とは

　関係とは、「業務ルールによって導かれる管理対象間の制約」を指します。図3.5.1は「本店とAさん、Bさん」、「A支店とCさん、Dさん」が対応付いています。抽象化すると「本支店から見ると社員は複数に対応」し、「社員から見ると本支店は1つに対応」します。これは業務ルールが「本支店は必ず1人以上の社員が所属」し、「社員は必ず1つの本支店に所属し、複数の本支店に所属できない」ことを示しています。

　このように、業務ルールによって導かれる管理対象間の制約が関係となります。

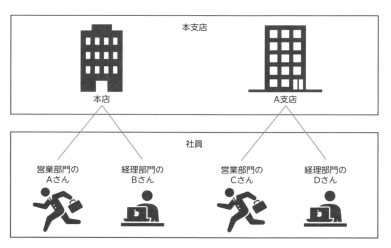

● 図3.5.1　本支店と社員の関係を示した例

▦ ファシリテーターが押さえるべき関係構築のメカニズム

　図3.5.2は対象を認識するメカニズムを表現したものです。先ほど、関係とは「管理対象間の制約」であると説明しましたが、より正確には、**関係とは**

人が対象を認識する際に結ぶ「対象と頭の中の記憶ネットワーク（知識や経験）との間の線」のことを指します。なお、ここでの対象とは外部情報（＝五感＋言語（非言語を含む））によって得られる情報です。

　認識のメカニズムは、知識や経験によって構築された既知の記憶ネットワークに外部情報が投げ込まれて、意味解釈し、新たな関係が生まれ、新しい記憶ネットワーク構築するようなイメージです。

　この外部情報は無限にありますが、多くの人は自分にとって重要な情報しか頭の中で認識できません。このことから、一人ひとりが同じ記憶ネットワークを持つことは原理的にあり得ません。

　仮に似たような記憶ネットワークを持っていたとしても、同じように関係を構築することはありません。なぜならば、価値判断基準が異なるからです。よって、新たな関係によって同じ対象を認識したとしても、同じ「関係」で対象を認識しているとは限りません。

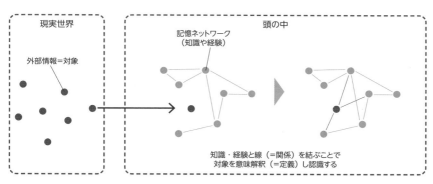

● 図3.5.2　関係構築のメカニズム

　次に図3.5.3をご覧ください。AさんとBさんは同じ外部情報を認識の対象としていますが、記憶ネットワークの差（知識や経験の差）によって異なる認識となっています。このことから、共通認識を作るためには、前提となる範囲（例えば、北武百貨店のビジネスの範囲に限定するなど）を決めて、ステークホルダー間で認識対象に対する意味（＝関係の結び方）をすり合わせて、共通の概念を作る必要があります。作られた共通の概念を頭の中に入れることで、この前提における概念が共通の認識となります。

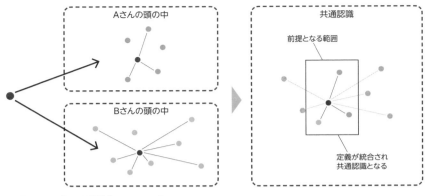

● 図3.5.3　共通認識構築のメカニズム

　実はこの共通認識を作るメカニズムは、データモデリングと同じメカニズ
ムです。データモデリングでは通常、業務入出力（＝画面・帳票など）ごと
に小さなデータモデルを作成し、それらを統合することで業務全体を表現し
た統合データモデルを作ります。AさんとBさんの頭の中をそれぞれ小さな
データモデルとして可視化すると、意味のすり合わせはまさに統合作業その
ものであり、出来上がった統合データモデルが共通認識と言えます。

　MDMにおけるマスターデータ整備の肝は、共通認識を作ることです。人
は別の認識をしていることを前提に立ち、共通認識を作る過程でステークホ
ルダーの頭の中がどのようになっているのかをメカニズムでイメージしてフ
ァシリテーションしていくと、良いファシリテーターになれます。

Point!　ファシリテーターの心得

- 一人ひとり価値判断基準が異なることから同じ関係で対象を認識している
  とは限らない
- 共通認識を作るためには認識対象に対する意味のすり合わせを行い、関係
  の結び目を調整する必要がある
- ファシリテーターはステークホルダーの頭の中の関係の結び目を調整する
  イメージでファシリテーションを行う

COLUMN
管理対象と関係の本質にこだわる理由

　本書では、管理対象と関係については、認知科学、分析哲学、オントロジー、東洋哲学の考え方を総合的に見て定義しました。

　筆者がこの部分にこだわる理由は、人の認識は人の数だけあるという考え方を持っているからです。この前提に立たないと「対立」が生じます。そもそも、この世に絶対的な正しさはないことは科学や数学の世界で立証されています。このことから、物事の考え方においても同様のことが言えます。

　社会システムは法律や業務ルールによって「正しい」を定義しています。業務領域が異なればその数だけ社会システムがあり、それぞれの世界での「正しい」があります。この異なる世界を統一するためには、共通点を取った中庸的な考え方ができるファシリテーターが求められます。特にマスターデータの統合はこの考え方が顕著に表れます。ぜひ、これを機に管理対象と関係に興味を持っていただければと思います。

リレーションシップの意味を押さえる

▦ リレーションシップとは

リレーションシップとは、「管理対象間の関係」に1：1で対応付くデータモデルの世界の言葉とします。

リレーションシップの基本的な種類は1：1、1：N、N：Mの3種類です。それぞれの意味を図3.6.1に示します。なお、NやMは多（0以上）を意味します。

関係の種類	説明	図
1：1の関係	異なる管理対象が1：1で対応付く関係	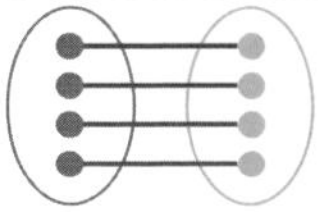
1：Nの関係	異なる管理対象が1：Nで対応付く関係	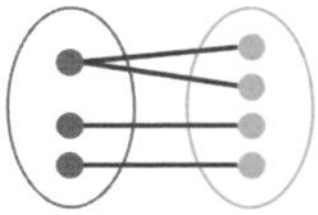
N：Mの関係	異なる管理対象が多：多で対応付く関係	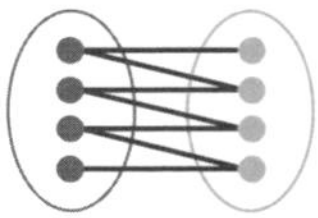

● 図3.6.1　関係の種類

▦ マスターデータの整備に必要なリレーションシップの種類

マスターデータの整備で詳細に押さえておくべきリレーションシップは1：1の関係です。1：1の関係には、サブストラクチャ、サブタイプ、スーパータイプの3種類があります。

◆ サブストラクチャ

ビジネスでは、1つの管理対象に対して「分担」を認識することがあります。サブストラクチャとは、ある1つの管理対象をビジネス上の管理の都合

により、その分担の数に分けて表現する方法です。マスターデータの整備の場合は、データオーナーの違いやセキュリティ上の機密性の違いから用いられることが多いです。

図3.6.2は人事業務において、一般的な社員情報は人事部で管理するが、給与に関するデータは給与課が管理する例です。給与は機微な情報を扱うことからデータオーナーを分けて管理しています。データモデルで表現すると図3.6.3のようになります。

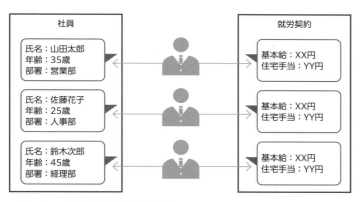

● 図3.6.2　人事業務における分担の例

● 図3.6.3　サブストラクチャの表記

◆　サブタイプ

ビジネスでは、当初認識していた管理対象の集合をさらに細かく分けた「部分集合」を認識することがあります。サブタイプとは、ある1つの管理対象

の集合をビジネス上の管理の都合により、その部分集合の数に分けて表現する方法です。マスターデータの整備においては、同一の管理対象の集合から個別業務を考慮して部分集合を認識することが多いです。

図3.6.4は商品をお菓子の種類ごとの部分集合に分けた例です。データモデルで表現すると図3.6.5のようになります。

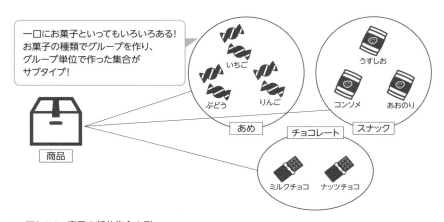

● 図3.6.4　商品の部分集合の例

● 図3.6.5　サブタイプの表記

◆　スーパータイプ

　ビジネスでは、当初認識していた集合をまとめた「全体集合」を認識することがあります。スーパータイプとは、狭いスコープで認識をしていた管理対象の集合をビジネス上の管理の都合により広いスコープで捉え直し、全体集合として表現する方法です。マスターデータの整備においては、個別業務の管理対象の集合をグループや全社で共通の集合としてまとめたいときに用

います。

　図3.6.6は「顧客」、「会員」、「お客さま」といった業務固有の集合をまとめて「取引先」として集合させた例です。データモデルで表現すると図3.6.7のようになります。

　なお、サブタイプとの違いは、サブタイプはもともと一つのものを分けるのに対し、スーパータイプはもともと別のものを束ねる意味です。ただし、スーパータイプは単純に集合させるだけなので、同一対象が複数存在することもあり得ます。

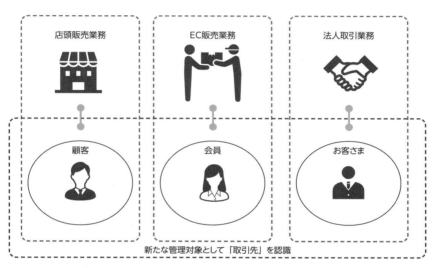

● 図3.6.6　取引先の全体集合の例

正式表記

顧客	会員	お客さま
顧客コード	会員コード	お客さまコード
顧客名、顧客ランク	会員名、メールアドレス	お客さま名、契約開始日

取引先
取引先区分 顧客／会員／お客さまコード
取引先名、 顧客ランク、 メールアドレス、 契約開始日

● 図3.6.7　スーパータイプの表記

KEYと参照KEYの意味を押さえる

▓▓ KEYの成立条件とは

KEYとは、エンティティ・オカレンス（＝管理対象）を一意に識別するデータ項目を指します。

KEYとして成立する条件は図3.7.1に示した通りです。

KEYの成立条件
1. 値が重複しないこと
2. 値が必ず入ること
3. 値の変更ができないこと

● 図3.7.1　KEYの成立条件

▓▓ 業務KEYとは

KEYというとテーブルのプライマリキー（Primary Key：PK）を想像するかもしれませんが、ここでは業務として認識しているKEYを指します。もちろん、テーブルのPKが業務上のKEYと同じ場合もありますが、システム設計の都合により、システム内部で採番している人工的なKEYを使っている場合があります。また、業務KEYと異なるデータ項目をKEYの一部に入れていることもあります。

データモデルは現実世界を写像したものです。このことから管理対象の識別子をKEYとして捉えることが原則であり、それが自然な流れでもあります。

◆ 業務KEYの導き方

業務KEYの導き方は、業務で使っている画面や帳票（入出力）を頼りに管理対象を捉え、識別子を確認します。しかし、多くの場合は入出力の項目に対する意味がわからないため、管理対象や識別子を捉えるのが難しいです。そこで、現場の業務責任者もしくは担当者にインタビューします。

インタビュー時には、入出力の操作やテーブルのPKを見るような話に誘

導されないよう、聞き出し方に注意します。具体的には「普段どのようなタイミングで登録しているのか」「どのようなケースでコードを分けているのか」「どのような対象に対して登録しているのか」といった「KEYの粒度」と「KEYの範囲」を聞き出すようにします。

⁝⁝⁝ 代替KEYとは

1件のエンティティ・オカレンス（＝管理対象）に複数のKEYが存在する場合があります。例えば、商品を識別する際、業界で標準的に使用されている「JANコード」と、社内で採番されている「商品コード」です（図3.7.2）。どちらを用いても1件を特定することができます。この場合、一方のKEYに対する他方を「代替KEY」と呼びます。

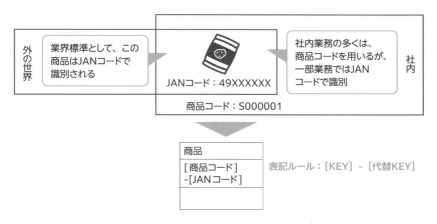

● 図3.7.2　代替KEYのイメージと表記ルール

先ほどの例はマスターデータの整備でよくある事例です。店舗販売業務領域ではJANコードで運用しているが、売上管理や在庫管理の業務では商品コードで運用しているといったケースです。この場合、両方がKEYとして成立するため、一方を社内標準のKEYとし、他方は個別業務専用の代替KEYとして決めます。このように代替KEYを捉えることはマスターデータ整備において重要な概念であることを覚えておいてください。

要素KEYとは

1つのデータ項目でKEYを認識していたが、コード体系を見ると複数のデータ項目から成り立つと判明した場合に用いる表現方法です。

表記ルールは、Xという項目がY、Zの2つの項目で成り立つ場合、[X（＝Y.Z)］の形式にします。例えば、7桁の商品コードを認識していたが、コード体系は「商品分類コード（3桁）＋商品枝No（4桁）」で構成されていたとします。この場合、「商品コード（＝商品分類コード.商品枝No)」と表記します（図3.7.3）。

● 図3.7.3　要素KEYのイメージ

参照KEYとは

KEYを参照するデータ項目を参照KEY、またはRKEYと呼びます。参照KEYを通じて、他のエンティティ・オカレンスを参照することができます。

例えば、社員は組織に関するデータ項目を全て持つのではなく、組織のKEYである「組織コード」を手掛かりに社員から参照します。この場合の社員の「組織コード」が参照KEYになります。

表記ルールとして、参照KEYには「*」を付けます。また、参照KEYに対してリレーションシップも引きます（図3.7.4）。

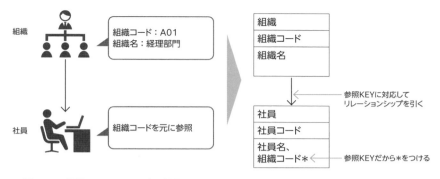

● 図3.7.4　参照KEYのイメージと表記ルール

Point!　マスターデータ整備でよく使うKEYの種類

- 代替KEYは一部の業務で認識しているKEYであることが多い
- 要素KEYはKEYのコード体系から導く
- 参照KEYを捉えることで、他のエンティティ・タイプとの関係が見えてくる

エンティティ・タイプの定義を押さえる

⊞ エンティティ・タイプの定義とは

データモデルで表現されているエンティティ・タイプは、文章で定義する必要があります。3.1（RULE13）の復習になりますが、意味を理解するためには構造化言語とテキスト言語が必要です。ここではテキスト言語にあたるデータ定義について解説します。

エンティティ・タイプで定義する要素は、エンティティ・タイプ名、説明、KEYの発番範囲、KEYの発番粒度、エンティティ・オカレンスの発生量、データライフサイクル、データリネージ、データオーナーです。詳しくは4.8（RULE29）をご覧ください。

⊞ 範囲と粒度に時間をかける

エンティティ・タイプの定義で最も時間を要するのが、範囲と粒度です。理由は次の3点です。

1. 個別業務の範囲、粒度の可視化に時間を要する
2. 統合マスターの範囲、粒度を決める合意形成に時間を要する
3. 範囲、粒度の違いをデータモデルに表現する作業に時間を要する

データ定義の時間が限られている場合、説明、範囲、粒度に絞って構いません。インタビューではこの3つの視点を意識しながら確認していきます。例えば、「当社にとっての顧客はなんでしょうか？（説明の確認）」、「商談中のお客さまも顧客でしょうか？（範囲の確認）」、「顧客を発番するルールは決まっているでしょうか？　例えば取引相手は部署でしょうか？（粒度の確認）」といった内容です（図3.8.1）。

エンティティ・タイプ名	意味説明	範囲	粒度	用途	発生量	ライフサイクル	流通経路	データオーナー
顧客	顧客とは、A社と販売契約を締結している現在有効のお客様である。	契約が終了したお客様や商談中の見込客は含まれない。また、法人顧客のみを対象とし、個人事業主を含む個人は含まない。	法人の部署レベルに相当する。	主にサービス受付時に顧客が締結しているすべての契約を把握する際に使用する。	年間1万の顧客増加を想定している。	契約締結時に生成されて契約終了時に消滅する。更新は契約変更の都度行われる。継続契約の場合は契約番号は変わるが、顧客番号は変わらない。	販売契約から顧客を抽出して、名寄せして生成する。	販売部門

【着眼点】
何を含めて何を含めないのか？
例：見込客は含まず、契約した法人顧客のみ含む

【着眼点】
粒度は何か？
例：法人格なのか、契約相手の部署レベルなのか

● 図3.8.1　エンティティ・タイプの定義の例（一部）

エンティティ・タイプの定義はKEYの定義と同じ

　エンティティ・タイプの定義のうち、範囲、粒度はKEYの定義と同じです。ただし、データ項目の定義で記述すると複合KEY（複数のデータ項目を組み合わせてKEYとして成り立たせている意味）の場合は定義することができないため、基本的にはエンティティ・タイプの定義に範囲、粒度を正確に記述する必要があります。

Point!　エンティティ・タイプの定義でのポイント

- ポイント1：意味説明＝「〇〇とは」で問い続ける
- ポイント2：範囲　　＝「何を含めて何を含めないのか」で問い続ける
- ポイント3：粒度　　＝「どのような粒度感で発番するのか」で問い続ける

配置ルールを押さえる

▦ 配置ルールとは

　配置ルールとは図3.9.1に示すような、エンティティ・タイプを配置するためのフレームワークです。配置ルールを設けることにより、見やすいデータモデルになります。作成者以外の人がデータモデルを見たときにも、どこにどのようなエンティティ・タイプが配置されているのかが大まかに把握できます。また、 配置ルールによりエンティティの種類に対する認識違いや抜け漏れのチェックといった「直感」も働くようになります。

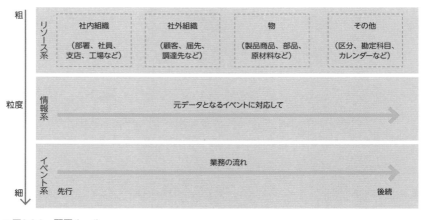

● 図3.9.1　配置ルール

▦ なぜ、MDMに配置ルールが必要なのか？

　配置ルールは、システムの制約を気にせずに、純粋に業務としての制約に基づく「データアーキテクチャ」を考える際の拠り所となるため必要です。
　例えば、マスターデータのサブタイプを出す基準の1つに、イベント系エンティティ・タイプと関係があるものだけを表現するという考え方があります。この場合、イベントまでを含めた全体が俯瞰して見えるデータモデルが

ないと、判断が難しくなります。他の例としては、マスターデータを生み出すリソース整備系の業務イベントを考える際にも、配置ルールからデータの流れを掴むことができます。この点については第5章で詳しく解説します。

::: 実際にデータモデルを描く際はどこまでか？

対象範囲がMDMの場合、リソース系のみで問題ありません。ただし、検討過程では、情報系やイベント系との関係を部分的に表現する必要があります。

例えば、リソース系の意味説明は、概念や目的の他に用途も記述します。用途を導くためには、イベント系のエンティティ・タイプがどのように使っているのかを把握する必要があります。また、リソース系の粒度や範囲は情報系の分析軸（KEY）に対応します。

このことから、業務のやり方を手掛かりに情報系やイベント系を想像しながらインタビューし、リソース系のデータモデルを描くようにしてください。

Point! 配置ルールの意義

- 意義1：コミュニケーションツールとして使えるようになる
- 意義2：勘が働きデータモデルの品質が向上する
- 意義3：必要なエンティティ・タイプを導くことができる

データモデルがどういうもので、なぜMDMで必要なのか理解している	✓	3.1（RULE13） 3.2（RULE14）
MDMに必要なデータモデリングの基礎知識でもあるエンティティ、リレーションシップ、KEY、定義、配置ルールの意味を理解している	✓	3.4（RULE16） 3.6（RULE18） 3.7（RULE19） 3.8（RULE20） 3.9（RULE21）
認識の齟齬のメカニズムがわかり、価値判断基準の標準化と認識の更新タイミングを合わせることが管理の本質であることが腑に落ちている	✓	3.3（RULE15）
関係の本質がわかり、共通認識を構築するメカニズムとデータモデリングが同じであることが腑に落ちている	✓	3.5（RULE17）

第 4 章

MDM
基盤構築

本章では、現実的な視点からMDMシステム開発の進め方と重要な要点を解説します。これは仕組みのフレームワークでいうところの「システム開発層」に相当します。

最初にMDMシステム開発プロジェクトの最重要事項である「目的の明確化」について、経営者との合意形成の具体的な解決策を探ります。さらに、目的に応じたデータ連携方式、プロジェクト推進の体制・役割についても詳しく見ていきます。

次にMDMシステム開発プロジェクトの成功を左右する要件定義の要点、ファシリテーターとして必要な具体的なインタビュー方法や統合の観点を押さえます。

また、MDMのデータ品質基準を支えるデータ定義とデータ制約についても確認します。

最後に、データ移行がスムーズに行えるよう、検証方法やクレンジングの要点について確認します。

基盤作りの進め方の概観を理解する

MDMシステム開発プロジェクトの進め方の概観

　一般的なMDMシステム開発プロジェクトの進め方は、図4.1.1に示す通りです。本書ではより専門的な内容に踏み込み、通常のシステム開発プロジェクトとは異なる企画、要件定義、詳細設計におけるデータ統合ならではの進め方にフォーカスして、現実的な解を中心に述べていきます。

フェーズ	主要タスク	第4章で解説する内容
企画	・目的の明確化 ・対象範囲決め ・マスターデータ整備方針策定	・目的の明確化の現実解（4.2：RULE23） ・最適なデータ連携方式（4.3：RULE24） ・推進体制について解説（4.4：RULE25）
要件定義	・業務視点のデータモデリング ・業務視点のデータ移行設計 ・RFP策定	・効率的な進め方（4.5：RULE26） ・インタビューの着眼点（4.6：RULE27） ・統合の着眼点（4.7：RULE28） ・データ定義の着眼点（4.8：RULE29） ・データ移行マッピングの着眼点 　（4.9：RULE30）
ツール・ベンダー選定	・提案依頼と精査 ・指標策定 ・提案評価 ・ツールおよびベンダー選定	・製品比較の評価項目 　（4.1：RULE22コラム）
詳細設計	・システム設計 ・テストシナリオ作成 ・データ移行方針策定	・移行検証と名寄せの着眼点 　（4.10：RULE31）
構築	・実装、テスト、データ移行 ・教育	・通常のシステム開発と同じため割愛

● 図4.1.1　MDMシステム開発プロジェクトの主要タスクと本書で解説する内容

基盤作りとは

　基盤作りとはマスターデータを管理するシステム、つまりMDMシステムの構築を指します。MDMシステムとは領域横断でマスターデータを利用できるよう、業務システムの外側で一元的に管理するシステムを指します。
　MDMシステムの開発は、基本的には通常の業務システムの開発と同様に進めます。唯一異なる点は、データ統合が関わってくることです。このこと

から、企画フェーズでは経営レベルでの目的の合意やデータ連携方式の決定が最重要なタスクとなります。また、要件定義フェーズにおいてはデータモデルの統合やデータ移行設計の緻密さが要求されます。さらに、データ移行後のデータ品質検証と名寄せの準備ができることも、詳細設計フェーズでは求められます。

　本書ではこの特殊な点にフォーカスし、4.2（RULE23）～4.4（RULE25）は企画フェーズ、4.5（RULE26）～4.9（RULE30）は要件定義フェーズ、4.10（RULE31）は詳細設計フェーズに分けて解説します。

COLUMN

MDMシステムの基本機能で製品比較する

　図4.1.2はMDMシステムの基本機能です。この基本機能を評価項目に、横軸に製品を並べて比較することで、自社に合った製品を見つけることができます。ツール・ベンダー選定フェーズの参考にしてください。

機能分類	MDMシステムに求められる基本機能
マスター登録・管理機能	登録・参照画面構築 ワークフロー 履歴・差分管理 モデルテンプレート
マスター連携管理機能	データ抽出・ロード KEY（コード）・フォーマット変換 スケジューリング
名寄せ・クレンジング管理機能	名寄せ クレンジング
メタデータ管理機能	データ項目の意味 セキュリティ・認証 データ品質

● 図4.1.2　MDMシステムの基本機能

23 目的の明確化の現実解を知る

⸬ MDMの背景にある目的の多様化

　経営者にとって一番重要な点は、MDMを導入した後にどれだけ「儲け」があるかです。MDMはインフラなので、導入による直接的な効果は見えにくいのが現実です。しかし、「複数のビジネス施策」の達成に間接的にでもよいので、貢献していることをアピールしないと、MDMシステム開発プロジェクトが立ち上がったとしてもROIが低いと見なされ、プロジェクトは先細りしてしまいます。

　MDMシステム開発プロジェクトの理想的な進め方は、2.4（RULE11）の架空の家電メーカーA社の例でも示した通り、事業部側のビジネス施策を明確にした上で対象マスターデータを決めるアプローチです。しかし、データ活用基盤作りが主流となりつつある現在では、このビジネス施策がない状態でMDMに取り組む企業が増えてきています。MDMに取り組む背景も多様化していることから、ここでは1.1（RULE01）で述べた3つのビジネス戦略の切り口で、目的の明確化についての現実解を提示します。

⸬ DX戦略のパターン

　DX戦略の場合、データ活用者の人材育成が主たるビジネス施策であり、アドホックなデータ活用ができるようにデータ活用基盤を構築していることがほとんどです。この場合、単一事業の企業に限ったことですが、社員、商品、顧客といったビジネス活動に必須の3つのマスターデータを用意するところからスタートします。もちろん、データマネジメント基本方針書やガイドラインは並行して整備されていることが前提となります。

　単一事業であればマスターデータを統合するような難しさはないため、データ活用基盤向けに標準的なデータモデルを作り、実装し、データ品質やデータセキュリティのマネジメントを徹底すれば、MDMシステム開発プロジェクトは完了です。データ統合がないことから、通常のMDMシステム開発

プロジェクトよりも労力は大幅に削減されます。このことから、事業部の具体的なビジネス施策がなくても、経営者がデータ活用者の人材育成を止めない限り、プロジェクトは前進します。

一方、複数事業をもっている企業の場合、マスターデータの統合が伴うため、労力がそれなりにかかります。外部の力を借りないと進められないこともあるため、予算確保のための経営者への説明が求められます。経営者の視点は常に「いくら儲かるのか」なので、経営レベルの課題が打ち出せない場合は難しい局面に立たされるはずです。

◆ リスク管理視点での効果

そこで効果的な方法として、「リスク管理」を利用します。図4.2.1をご覧ください。この例に挙げたストーリーは、現実問題、先行企業の事例からも似たような内容で報告されています。

データ活用基盤内に事業部がもっているマスターデータを集めました。
最初はバラバラで管理していましたが、横串しでデータを見たいといった要件が増えたため、一部はコード変換で繋ぎ、一部は統合し、一部はバラバラといった対応をとりました。
その結果、基盤内が汚れ、これに伴う維持コストが増加し、維持する人材も不足したことで、データ活用者へのサービス水準の低下が生じました。
今後、データ活用推進において人材育成の足かせとなることから、経営戦略上のリスクになります。

● 図4.2.1　データ活用基盤内が汚れることに対するリスクの例

◆ 内製化の強化視点での効果

リスク管理と合わせて、MDMの内製化の強化についても訴求する必要があります。おそらく外部の力を借りることになるため、自分たちで運用できるように知識・スキルを吸収する姿勢が必要です。外部要員を調達できたからと自分たちは手を離してしまうと、後で必ず自分たちが困ることになります。将来にわたってデータ活用基盤内の汚れを拡大させないようにMDMを導入し、内製化することを経営者に訴求するのがよいでしょう。

　組織戦略の場合、事業横断での情報連携が主たるビジネス施策であり、業務機能ごとに領域を絞ったデータ活用基盤の構築がほとんどです。

　最近では、営業戦略と人材開発戦略が最も多く採用されています。営業戦略では、企業や事業を横断した顧客分析を実施し、適切なタイミングで適切なサービスを提案、受注確度を上げていく施策が挙げられます。人材開発戦略では、グループ企業や企業内の社員も顧客に見立てて、より良いサービス（教育、働き方、モチベーション、社内起業など）を提供し、企業全体のバリューを上げていく施策が挙げられます。

　これらの戦略は事業部を横断した営業統括部や人材開発統括部から出されることが多く、目的が明確なため、MDMの必要性が当たり前のように謳われています。また、MDMシステム開発プロジェクトの推進は事業部主体で行われることから、プロジェクト推進上の課題（コストを含む）がスピーディーに把握でき、上層部へのエスカレーションが速いです。

◆ 成功率の高いアプローチ

　実は、組織戦略に基づくMDMシステム開発プロジェクトが、一番成功率の高いアプローチです。ビジネス戦略に基づく施策があり、ビジネスサイドが主体となってMDMの実現に向けて取り組む姿勢があるため、ステークホルダーを上手に巻き込みながら熱量の高い雰囲気でプロジェクトが進行します。つまり、プロジェクトが始まる前に勝ちが見えています。

　ただし、全社規模のMDMには至らない点に注意しなければいけません。組織戦略に特化したマスターデータを作ることから、KGIやKPIといった指標に必要なデータ項目が他の組織戦略で使われるとは限りません。戦略ごとにマスターデータを新たに作ることもできないため、同一の業務機能の範囲内だけはマスターデータを乱立させないようにマネジメントする仕組みを導入する必要があります（図4.2.2）。この点がランニングコストとしてかかるため、永続的な活動としての予算を、経営者と企画段階から握っておく必要があります。

　また、長期的なビジョンにはなりますが、普遍的かつ中立的なマスターデータを構築するプロジェクトが立ち上がった際は、企業全体のデータアーキ

テクチャ（サブジェクトエリアモデルやエンタープライズデータモデルなど）を使って、棲み分ける必要があります。

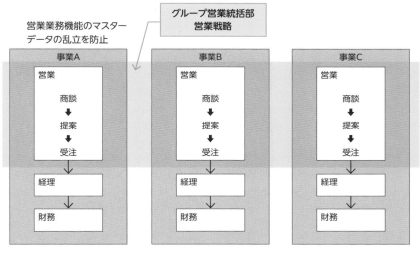

● 図4.2.2　事業横断のMDMのイメージ

製造業は昔から組織戦略に伴うMDMがある

　製造業では、海外に生産拠点を移してきた背景があることから、グローバルレベルでのSCMを考慮した在庫の見える化が10年以上前から行われています。東日本大震災以降、台風や火災によってサプライチェーンが止まらないよう、グローバルレベルで部品の在庫状況を把握できるようにする動きがありました。

　特に自動車業界は動きが早く、DWHと合わせてMDMもグローバルレベルにまで引き上げる活動をしてきた実績があります。Webで検索して、先進事例を見ておくことをお勧めします。このようなグローバル企業でも、コードの粒度や範囲の違いを一つひとつ丁寧に確認していることが想像できると思います。

　M＆A戦略の場合、マスターデータ構造の標準化が主たるビジネス施策であり、業務システム再構築と合わせて行われることがほとんどです。

　ここでは、同業他社を吸収して売上規模を拡大させる路線でM&A戦略の舵を切っている企業を例に考えます。業務システムが継ぎ接ぎ状態になっていることから、マスターデータ構造も継ぎ接ぎで運用されています。この状態を放置すると業務変革に柔軟に対応できず、企業競争に負けてしまうリスクがあります。そのため、IT部門を主体にMDMシステム開発プロジェクトが立ち上がります。1.5（RULE05）でも言及しましたが、M&Aが伴わない全社業務プロセスの標準化に伴うMDMも、この取り組みと同じです。

◆ ビジネスサイドとIT部門のゴールの違い

　このケースにおける問題は、ビジネスサイドの困りごとが「データの入力が手間、値が入っていない、値が正しくない」といったオペレーション層の課題であることがほとんどで、データ構造に問題を感じていないことです。オペレーション層の課題であれば、マスターデータの登録・更新に対する人材育成の強化やルール作り、入力補助ツールの追加といった対策で済むと考えます。

　しかし、IT部門が感じている課題は、もっと根幹にあるデータ構造が今後の業務変革に耐えられないことにフォーカスしているため、両者を交えて検討会を進めても一体感が得られません。その結果、時間とお金をかけて要件定義までできたとしても、ROIが見えないという判断から現行を踏襲することに方向転換するという結末を迎えるケースも多々あります。

　ここが難しいところで、IT部門としては、10年に一度あるかないかのチャンスなので理想的な姿にすることを掲げますが、ビジネスサイドはオペレーション層の問題点が解決できるのであれば、それ以上は求めません。むしろ、マスターデータの考え方が変わり、登録・更新のプロセス変更による管理負荷を嫌がります。また経営者も「儲け」が見えない以上、ビジネスサイドの考えに寄っていきます。

　現実的な解は、風呂敷を広げず、純粋に新規業務要件の実現のために必要なマスターデータ要件を明確にし、この要件を達成するために必要なマスタ

ーデータにメスを入れる程度に留めておくことです。実際、IT部門では、現状のマスターデータの意味がよくわからないといった問題も隠れているため、現状のマスターデータ構造を業務的意味に即して可視化するだけでも、マスターデータを適切に管理できるようになります。極論を言えば、データ構造に多少の問題があったとしても、データ定義を丁寧に行うことで、このエンティティ・タイプには何が管理されているのかが明確になります。それがデータ品質の基準となり、値の維持さえしていれば、最低限のMDMは達成できます。

Point! 戦略ごとのビジネス施策と推進上の問題点・解決策

戦略ごとのビジネス施策と推進上の問題点・解決策についてまとめると、図4.2.3のようになります。

戦略タイプ	主なビジネス施策	推進上の問題点	解決策
DX戦略	データ活用者の人材育成	複数事業のマスターデータ統合の管理コスト	リスク管理の視点
組織戦略	営業戦略 人材開発戦略	全社規模のMDMに至らない	永続的な活動と長期ビジョン
M&A戦略	IT部主体の標準化	MDMの難易度が上がりアレルギー反応を起こす	新規業務要件の達成に必要なMDMのみ実現

● 図4.2.3 戦略タイプ別の問題点と解決策

コストパフォーマンスの高い データ連携方式を知る

▓ コストパフォーマンスに影響を与える要因

　適切なデータ連携方式を選択することは、コストパフォーマンスを考える上で重要です。データ連携方式には、名寄せ型、HUB型、集中管理型があります。図4.3.1にそれぞれの特徴を示します。

　理論的には集中管理型が望ましいと考えがちです。しかし、<u>グローバル企業や多角化企業では、文化の違い、活動時間の違い、物理的な場所の違いから、集中管理型ではデータ構造の整備やデータ登録・更新の効率性が悪くなり、理想的とは言えなくなります。</u>むしろ、名寄せに必要な条件が揃っているのであれば、名寄せ型を選択したほうがよいと言えます。

	名寄せ型	HUB型	集中管理型
概要	異なるシステム間で重複したデータを名寄せして、一元管理する方式。DWHのみ配信。	発生源システムから必要なデータを収集し、データHUBで一元管理し、各システムはデータHUBから必要なデータを取得する方式。	MDMシステムで一元管理し、登録・更新を完結させ、各システムへ配信する方式。
適用シーン	データ活用基盤を構築する場合に適用。データ活用に必要な分析軸（コード）とデータ項目を明確にする必要がある。	集中管理型が難しい、集中管理型への過渡期といった場合に適用。データHUBで管理するデータ項目を決める必要がある。	統制を目的とする場合に適用。理想的な姿ではあるが、実現可能性を見極める必要がある。

● 図4.3.1　データ連携方式の種類

　集中管理型が望まれるケースもあります。同業他社を吸収合併した企業や単一事業の企業です。自社の業務プロセス標準化が前提にあるため、マスターデータの標準化と統制を目的に一箇所でデータを登録・更新させます。

　なお、**集中管理型にシフトする過渡期はHUB型を選択します。**発生源システムの再構築が行われるまでは発生源システム内のデータ整合性の確保が必要であることから、発生源システム側でマスターデータの登録・更新を行い、MDMシステムにデータ連携します。発生源システムを再構築するタイ

ミングで、MDMシステムからデータ連携するように切り替えます。このような切り替えは、各発生源システムの再構築の都度、順次行われます。

過渡期の使い方とは別にHUB型を望んで選ぶケースもあります。多角化企業ほどではありませんが、販売チャネルの違いから事業を分けている企業です。例えば、小売業における店頭販売とEC販売を別の事業として分けているケースです。この場合、商品マスターには店頭販売に必要なデータ項目とEC販売に必要なデータ項目があり、それぞれデータを決める責任者が異なることから、マスターデータの登録順序を決める必要があります。通常は売上規模の大きい事業部が先に登録していきます。先に登録する事業部はコードを発番する権限をもっているため、事実上、統制を効かせる部門になります。

名寄せ型を積極的に選ぶケースもあります。これはDX戦略や組織戦略を掲げている企業です。昨今のMDM導入のケースは、ほとんどがこのような戦略によるものです。名寄せは、名寄せの条件さえ整えば自動でデータ統合ができるため魅力的です。既存業務を変えないでデータ活用の効果をスピーディーに得ることができるため、現実的な解として、MDMのデータ連携方式に名寄せ型を選択することが多くなっています。

Point!　データ連携方式ごとの選択理由

データ連携方式ごとの選択理由をまとめると、図4.3.2のようになります。

データ連携方式	戦略タイプ	企業推進の方向性	選択理由
名寄せ型	DX戦略 組織戦略	・DX戦略推進 ・組織戦略推進	実現性重視
名寄せ型	組織戦略	・グローバル推進 ・多角化推進	効率性重視
HUB型 集中管理型	M&A戦略	・同業他社の吸収合併推進 ・単一事業推進	標準化重視

● 図4.3.2　企業推進の方向性に基づくデータ連携方式

RULE 25 MDMシステム開発推進の現実的な体制を理解する

▦ 体制作りの考え方

　MDMシステム開発プロジェクトにおける体制作りで重要なことは、業務的意味の確認が可能で、新規データ構造にコミットできる意思決定者を各業務部門から選出することです。また、テーブルやカラムを特定する調査も伴うことから、IT部門の協力も仰ぎます。これらを踏まえて、MDMシステム開発プロジェクトのための体制を図4.4.1、役割を図4.4.2に示します。

▦ 体制作りのポイント

　体制作りの肝はマスター整備実行リーダーとマスター整備実行担当者です。リーダーはMDMシステム開発プロジェクトの専任とし、担当者はデータオーナーになることを見据えて、兼任でアサインするとよいでしょう。

　マスターデータの整備では、業務的意味に基づいてデータモデルとデータ定義を作成する必要があるため、基本的には内製化の方向に進みます。MDMシステム開発プロジェクトの立ち上げから1年は外部の専門家の支援を仰ぎながら進め方や技術を習得し、2年目以降は内部でできるようにもっていきます。

　リーダーはMDMシステム開発プロジェクト終了後の永続的な活動においても、中心的人物の役割を担うことが望ましいです。

　担当者は現業を抱えていることから専任化は難しいため、要件定義と本番前のテストに絞って関わらせます。またリリース後の運用フェーズではデータオーナーとしての役割を担えるため、この点を視野に入れて体制を組みます。現実的には人事異動が伴うため、引き継ぎを前提とした教育とルール作りが必要になると思いますが、運用フェーズ以降のデータオーナーの専任化を検討する余地はあると考えます。

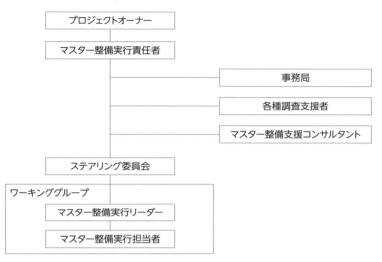

● 図4.4.1　MDMシステム開発推進体制

No	担当者	役割
1	プロジェクトオーナー	プロジェクトの責任者であり、対象範囲の事業領域全体を統括する最高責任者でもある。 広域的な取り組みであることの象徴として経営トップ（もしくは経営トップから委任された人）であることが望ましい。
2	マスター整備実行責任者	プロジェクト全体の実行責任者。 CDOから委任された人であることが望ましい。 プロジェクト全体の目的、予算、納期を定義し、要員の確保などを実施すると共に、重要事項などの意思決定を行う。
3	ステアリング委員会	プロジェクトに関する意思決定機関。 企業・事業・部門横断の調整を推進する。 各事業・業務領域の責任者を中心に構成され、プロジェクト遂行方針の決定、成果物のレビュー、最終承認を行う。
4	マスター整備実行リーダー	プロジェクトにおける実行リーダー。 インタビュー・課題設定・解決策の提示などの実行スケジュールの作成、進捗管理などを行う。
5	マスター整備実行担当者	プロジェクトにおける主たる実行担当者。 インタビュー・データモデリング・課題設定・解決策の提示などを適宜行い、プロジェクトにおける所定の成果物を作成する。
6	各種調査支援者	各業務部門から選出した担当者および各業務システム運用担当者。 現状業務およびシステム仕様の説明やそのための資料収集、インタビューの回答などプロジェクトを側面から支援する。
7	事務局	資料収集、調査依頼、会議の手配など、プロジェクト運営の事務的な支援を行う。
8	マスター整備支援コンサルタント	マスター整備支援全般の各種支援を行う。

● 図4.4.2　MDMシステム開発推進における役割

要件定義の成功は「データ項目の意味」で決まる

▦ 全ての失敗はデータ項目の業務的意味の甘さにある

　ここからは要件定義フェーズの解説に移ります。筆者はこれまで数多くの企業のMDMシステム開発プロジェクトを見てきました。その全てに言えるのは、「データ項目の業務的意味の甘さが成功の可否を決める」ということです。その理由を統合とデータ移行の場面に分けて説明します。

　まずデータ項目レベルで業務的意味がわからないと、同じ意味をもつエンティティ・タイプだとわかってもデータ項目レベルの整理ができず、統合が中途半端になります。データ移行時にも、移行前のテーブルのカラムと移行後のテーブルのカラムがどのように対応付くかわからず、本番リリースが遅れるといった問題が生じます。これらの問題を解決する方法が「業務入出力定義」です。初めて聞く言葉だと思いますが、通常のシステム開発で設計する画面定義書に業務的意味を書き加えたものです。参考までに図4.5.1に業務入出力定義書のイメージ図を掲載します。

● 図4.5.1　業務入出力定義書サンプル

▦ 要件定義の進め方のメカニズム

図4.5.2は要件定義の進め方のメカニズムを表しています。このメカニズムを使いながら進め方のポイントを解説します。

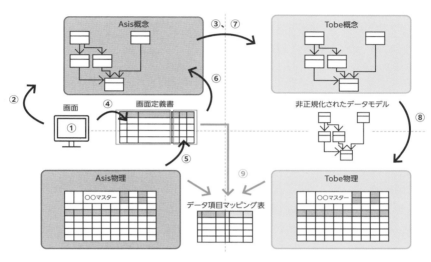

● 図4.5.2　要件定義の進め方のメカニズム

◆ 起点は値付きの画面サンプル入手（①）

スタートは値付き画面サンプルの収集です。値付き画面サンプルは画面定義書が使えればベストですが、おそらく値なしが大半だと思います。そこで機微な情報はマスキングした上で値付きの画面をキャプチャーします。なお、画面機能は登録画面とし、必要に応じて照会画面を参照します。

◆ 値付きの画面サンプル⇒Asis概念（②）

値付きの画面サンプルからAsis概念の統合骨格データモデル（KEYとRKEYのみで表現したモデル）を作成します。値や画面レイアウトを見ながら、インタビューを通じて業務KEYだけを捉えます。

◆ Asis概念→Tobe概念（③）

Asis概念からTobe概念の統合骨格データモデルを作成します。この作業

の中で同じ意味をもつエンティティ・タイプを統合します。

◆ **値付き画面サンプル→画面定義書（④）**

　画面定義書の記述要素として欲しいのが「値付きの画面サンプル、画面名、画面項目番号、画面項目名、画面項目の業務説明、画面項目に対応するテーブル名とカラム名、入力形式（入力・表示・子画面遷移・プルダウン・チェックボックスなど)」です。この中で画面項目の業務説明が書いてあることは稀です。

　本来は概念エンティティ定義書に業務的意味が書かれます。データ中心アプローチでシステム開発された企業であれば、概念エンティティ定義書の記述ルールが存在します。しかし、多くの企業ではシステム保守のコスト削減の影響を受け、業務要件定義に関するドキュメントのメンテナンスがされていないのが現実です。また、システム保守担当者もローテーションによって業務知識が断片的になり、IT部門にインタビューを行ってもデータ項目に対する業務的な意味までは引き出せません。このことから、業務担当者とコミュニケーションが可能な値付きの画面サンプルを用いながら、画面項目の意味や区分項目の値の種類と意味を明らかにしていきます。

◆ **Asis物理→画面定義書（⑤）**

　稀に、画面定義書に画面項目とテーブル、カラムが対応付いていない可能性があるため、IT部門にて調査してもらいます。

◆ **画面定義書→Asis概念（⑥）**

　Asis概念の統合骨格データモデルに画面項目をマッピングして、Asis概念の統合詳細データモデルを作成します。

◆ **Asis概念→Tobe概念（⑦）**

　Tobe概念の統合骨格データモデルにAsis概念の統合詳細データモデルのデータ項目をマッピングし、同じ意味をもつデータ項目を統合して、Tobe概念の統合詳細データモデルを作成します。

◆ **Tobe概念→Tobe物理（⑧）**

　非正規化は極力行わないことが望ましいです。マスターデータはイベントデータと比較するとデータ量が少なく、更新系システムでもあることから、正規化のメリットが失われるリスクのほうが大きいためです。

　ただし、パフォーマンスを考慮して、テーブルの結合の数を減らす目的で非正規化を許容する場合は、自社で取り決めているルールに基づいて対応します。例えば「サブタイプとして表現したものを元のエンティティ・タイプに戻してテーブル化する」、「正規化を解除する」などです。

◆ **Asis物理、Tobe物理、画面定義書→データ項目マッピング表（⑨）**

　データ移行設計のためのマッピング表の作成を意味します。Asis物理は画面定義書、Tobe物理はTobe概念からそれぞれ業務的意味を捉えマッピングします。

▦ メカニズムに対応したタスクネットワーク

　図4.5.3は実際に進める上でよく使うタスクネットワーク（タスクを構造化・系列化した図）です。メカニズムに沿って、タスクネットワークを設計しています。

　なお、後述の解説でAsis分析とTobe設計が出てくるため、どの箇所を指しているのかがわかるように枠で囲んでいます。

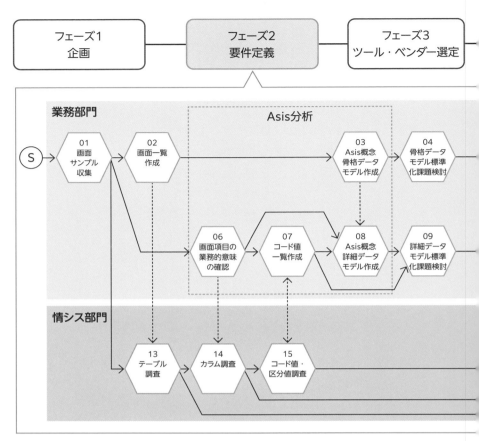

● 図4.5.3　要件定義のタスクネットワーク

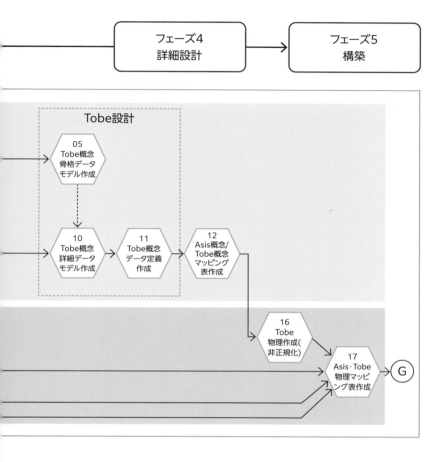

Asis分析における 「インタビュー」の着眼点を知る

▦ インタビューの重要性とポイント

　ここからは要件定義フェーズのAsis分析のインタビューの解説に移ります。マスターデータの業務的な意味を理解するためには、業務担当者から上手にインタビューする必要があります。業務担当者の頭の中にある認識対象を理解するために画面サンプルを用いながらインタビューを通じて引き出します。そこで、本節ではファシリテーターの視点から見た画面サンプルを用いたインタビューの着眼点について解説します。

　値付きの画面サンプルを頼りに、業務的なKEYの特定とKEYの粒度・範囲の確認をします。ただし、業務担当者に直球で質問をしても意図する回答は得られないことが多いです。そこで質問のコツをいくつかお伝えいたします。ここではビジネスに必要な基本マスターである社員、顧客、商品のうち、顧客と商品で解説します。ステップ1~5は法人向けサービス業の顧客マスター、ステップ6~8は小売業の商品マスターを例に取り上げます。

　なお、ステップの順番はインタビューする際に、推奨する順序を示しています。

◆ ステップ1：KEYらしき項目に着目
　画面サンプルを眺めるとKEYらしき項目（入出力レコードのKEY）を見つけることができます（図4.6.1）。これを頼りにKEYか否かを確認します。

> 顧客登録画面に顧客コードがありますが、例えば、北武百貨店や南武百貨店はこの顧客コードのみで特定できますか？

　ステップ1の例外として、自動採番の場合、KEYらしき項目が見当たらないことがあります。この場合は照会画面を確認することでKEYらしき項目と値を認識することができます。

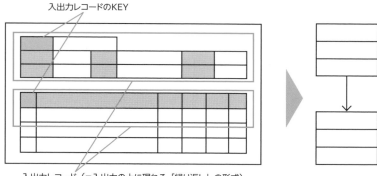

入出力レコードのKEY

入出力レコード（＝入出力の上に現れる「繰り返し」の形式）

● 図4.6.1　入出力レコードからKEYを特定するイメージ

◆ ステップ2：KEY項目の値の桁数に着目

　KEYと思いきや、値の桁数を見るとKEYとして成立していないことに気付きます。この場合、グループ、企業、事業部、支社、部署といったコンテキストを決める画面項目を確認します。

> 値を見ると4桁のようなので、支社ごとに顧客データを登録しているのでしょうか？　例えば、貴社では支社制をとっていることから、北九州支社と南九州支社でそれぞれ南武百貨店を登録して売上管理をしていそうですか？　実際、顧客コードだけで見ると別の値になっているのでしょうか？

　支社別に顧客を認識していることから、支社コードと顧客コードによる複合KEYで顧客を識別します。この場合、支社コードがコンテキストを決めています（図4.6.2）。

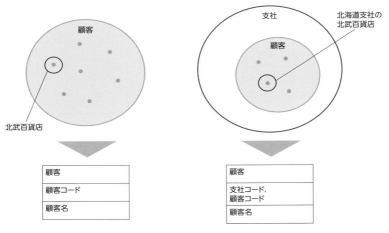

- 図4.6.2　複合KEYがコンテキストを決めている例

◆　ステップ3：KEY項目のコード体系に着目

　KEY値を見ると、「AA0123やAB0124、202301001や202302001」のように先頭に「英字」「年月」が、「K0001-00やK0001-01」のように中央に「‐」が付いていることがあります。コードに意味をもたせている可能性があるので確認します。

> 顧客コードの値の規則性を見ていると先頭に英字がありますが、何か区別しているのでしょうか？

　この場合、2つのことが考えられます。1つは単純に桁数不足から「英字」を入れているケースです。もう1つは複数の業務システムからマスターデータを集めてマージし、取得元の業務システムを識別するために作っている区分です（図4.6.3）。

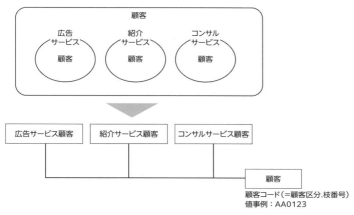

顧客コード（＝顧客区分.枝番号）
値事例：AA0123

● 図4.6.3　複数の業務システムのマスターをマージしている例

◆ ステップ4：粒度と範囲は名称項目の値に着目

　粒度と範囲は顧客名、商品名、社員名など、管理対象を特定する名称項目の値を見ると想像がつきます。全ての値を見ているわけではないので確実ではありませんが、これを頼りに確認します（図4.6.4）。

> 顧客名を見るとWEST卸とありますが、顧客とは法人でしょうか？　それとも部署でしょうか？　また商談中のお客様や契約終了したお客様は顧客でしょうか？

　この場合、顧客は法人単位であり、契約中の顧客のみを対象としていることがわかったため、粒度と範囲は図4.6.4のようになります。

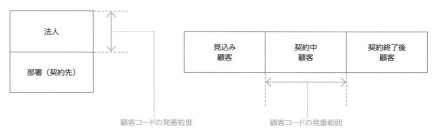

● 図4.6.4　顧客における粒度と範囲を決めるイメージ

◆ **ステップ5：実体と役割に着目**

　画面項目を一通り眺めると、<u>実体を表す項目と業務固有の役割を表す項目が現れます。</u>この場合、粒度が役割に引きずられている可能性があるため、業務担当者の認識とデータ運用の差異を確認します。

　顧客は法人単位であると伺っていましたが、支払口座情報を登録する欄があります。顧客に支払いすることは稀だと思いますが、払い戻しを想定するとあり得そうです。

　もし支社制を導入しているような顧客から、支社の経理部の口座に支払ってほしいと言われた場合、顧客コードを支社別に採番しているでしょうか？

　実際、このケースは例外的に顧客コードを支社別に採番することを認められているか、そもそも顧客に複数支払口座をもたせないように契約条件で縛りを入れているかの二択になるはずです。Tobeを考える際に、データモデルの視点では図4.6.5のように顧客を「実体＝法人顧客」と「役割＝支払先」に分けたほうが綺麗ですが、支社制を導入している顧客の数が少ないことから管理コストを考えると、現実的には分ける必要はありません。

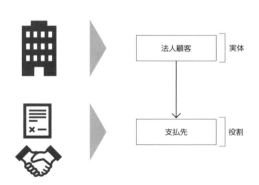

● 図4.6.5　法人顧客と支払先を分離した例

◆ **ステップ6：採番を左右するデータ項目に着目**

　KEY以外の項目の何が違えば別のコード値を採番するのか、確認します。

商品登録画面には商品機能、色、サイズ、製造国がありますが、この中で何が変わるとJANコードが変わりますか？

この場合、商品パッケージに影響する要素はJANコードを分けるルールになります。サイズや色はわかりやすいですが、製造国も企業によっては変更要素になります。これは小売業に限らず製造業でも同様です（図4.6.6）。

商品の粒度を決める要素

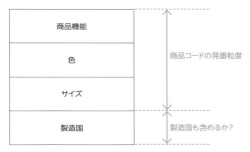

● 図4.6.6　商品における発番粒度を決めるイメージ

◆ ステップ7：別のKEYらしき項目にも着目

KEY以外の項目でもKEYらしき項目を認識する場合があります。業界標準のコードやグループで採番している統一コードです。業務担当者が普段業務で認識していないKEYの用途を確認します。

商品登録画面にはJANコードの他に商品コードがありますが、商品コードでも商品を1つ特定できませんか？

この場合、実はJANコードは業務担当者の部門内でしか使われていない用語で、会社全体では商品コードが標準語として使われていることがわかりました。よって、商品のKEYは商品コードとし、JANコードは代替KEYにします（図4.6.7）。

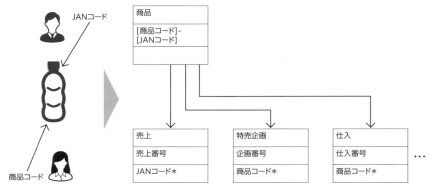

● 図4.6.7　代替KEYのイメージ

◆　ステップ8：区分項目にも着目

　KEY以外の項目で、入力項目でもない区分項目（プルダウンや選択式とい
った値のバリエーションが予め決まっている項目）の値事例を確認します。

> 商品登録画面には仕入区分がありますが、値のバリエーションを教えて
> ください。

　単純な質問ですが、値のバリエーションを見ると観点が混在していること
が多々あります。例えば、仕入区分の意味が店舗へ納品するための物流を表
す区分だとした場合、メーカーからの直接納品とセンターからの納品であれ
ば問題ありませんが、海外からの輸入や海外から商社を経由した輸入など、海
外メーカーと輸入部門の物流を表す区分までは入っていたとします。
　この場合、本来の意味に対して不適切な区分値が混ざっているため、Tobe
では分ける方向で検討します。なお、このような区分値の状態を観点混在と
呼びます（図4.6.8）。

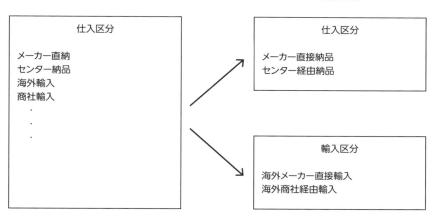

● 図4.6.8　観点混在と観点整理のイメージ

Point!　インタビューの着眼点

ファシリテーター視点でのインタビューでは業務側がどのように認識しているのか、どのように運用を行っているのかといった業務視点で引き出します。業務側の認識をきちんと掴んで、統合する際のデータ構造と定義に役立てます。

図4.6.9に各ステップでのマスターデータのデータ構造を明らかにするための着眼点をまとめておきます。

ステップ	着眼点
1. KEYらしき項目に着目	入出力レコードのKEYの特定
2. KEY項目の値の桁数に着目	単体KEYか複合KEYの確認
3. KEY項目のコード体系に着目	要素KEYとスーパータイプの確認
4. 粒度と範囲は名称項目の値に着目	KEYの発番範囲と発番粒度の確認
5. 実体と役割に着目	実体と役割の確認
6. 採番を左右するデータ項目に着目	KEYの発番粒度の確認
7. 別のKEYらしき項目にも着目	代替KEYの確認
8. 区分項目にも着目	観点混在の確認

● 図4.6.9　インタビューの着眼点

Tobe設計における「データ統合」の着眼点を知る

▦ 管理対象の定義の重要性

　ここからは要件定義フェーズのTobe設計のデータ統合の解説に移ります。マスターデータの統合は管理対象の定義から導きます。各業務の世界で共通認識となっている管理対象を、さらに会社全体もしくは事業全体に広げて管理対象の調整を図ります。その際に関係者が集まって、これまでのインタビューで確認した業務的な意味を共有しながら、管理対象の定義を見直していきます。場合によっては、これまで曖昧にしてきた定義を明確にする必要があるため、なかなか決まらないといった壁にもぶつかるかもしれません。

　そこで、本節ではファシリテーターのスキルとして必要な「管理対象の定義」における確認のやり方について解説します。なお、読者の皆様がイメージできるように小売業を例に見ていきます。

▦ 管理対象の定義のポイント

　各業務領域のAsis分析で確認したKEYの業務的な意味に基づいて管理対象を特定し、仮のTobe概念データモデルを作成します。その後に管理対象の一覧表を作成して、定義の原案を書いた上で各業務の責任者・担当者を一堂に集め、統合した管理対象案の定義を決めていきます。その際に「構造化言語（＝データモデル）」で概念の関係性を明確にし、「テキスト言語（＝データ定義）」で定義を明確にしていきます。

◆ 定義のポイント1：管理対象の同音異義に着目

　各業務で認識している管理対象の定義を比較すると、粒度と範囲は異なるものの、記号（管理対象名）は同じといったケースがほとんどです。よって、記号を分けて新たな言葉を作るところから探っていきます。

商品の定義は店頭販売部門ではPOSレジを通して販売する商品を指し、EC販売部門では色やサイズを省いた単位の販売品を商品として捉えているようです。それを踏まえて、貴社にとって"商品とは"何でしょうか？

このケースでは商品の粒度が異なります。EC販売部門でも店頭販売部門と同じ粒度の商品を認識しており、それも商品と捉えています。おそらくデータ構造が商品と商品詳細のようなエンティティ・タイプがあり、1：Nのリレーションシップがあると想像します。この場合の解は次の3つです。

①商品は店頭販売部門の定義を採用し、EC販売部門が認識しているカテゴリーとしての商品はアイテムにする（図4.7.1）。
②商品は誤解を生むので、自社から商品という記号をなくし、新たにSKU（Stock Keeping Unitの略）を作り、カテゴリーとしての商品はアイテムにする。
③商品はEC販売部門の定義を採用し、販売部門の定義はSKUとする。

これらは、会社全体の文化や日常会話で使っている用語の多さで決めます。日常会話の量は売上規模に比例するため、売上規模が大きい部門への影響が少なくなるようにします。このケースでは①とすることが多いです。ただし、定義を確認する中で本質的な意味が明らかになり、②が妥当となる場合もあります。例えば、SKUが単品を表し、販売数や在庫数はSKU単位で捉えた方が正しいといったケースです。

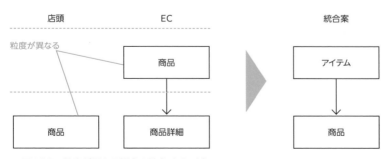

● 図4.7.1　粒度が異なる場合の統合イメージ

◆ 定義のポイント2：同義の認識対象に着目

　各業務で見ている認識対象が、同じといったケースがあります。しかし、管理の都合上、記号を分けて、管理対象としては別物として捉えています。このケースでは、同一の管理対象とすべきか検討します（図4.7.2）。

> 商品の定義は、店頭販売部門ではお客様に販売する商品を指し、施設管理部門では店舗内で使う備品を指します。同じ対象物に対してそれぞれ異なるコードで認識していますが、在庫管理の都合で統合する必要はないでしょうか？

　このケースは、同じ認識対象に対する管理範囲の違いを示しています。在庫管理を目的に統合する必要性を探り、必要であれば管理ルール（＝価値判断基準）を変えていきます。必要でなければ経済的なメリットがないため、無理して統合する必要はありません。

● 図4.7.2　認識対象が同じ場合の統合イメージ

◆ 定義のポイント3：同一管理対象の属性の捉え方に着目

　同一の管理対象でも各業務で属性の捉え方が異なるケースがあります。この場合、捉え方が異なるだけで意味としては同じなので、統合が可能か検討します（図4.7.3）。

> 商品の属性に機能があります。店頭販売部門では機能をテキストに一まとめにして書いていますが、EC販売部門では検索の都合上、機能を細分化しています。EC販売部門に合わせて細分化することは可能でしょうか？

　このケースでは店頭販売においても機能をより細かく正確に管理するメリットがあるのか、確認する必要があります。例えば、POP（Point of Purchase Advertising）やチラシを作成する際に機能を細分化したほうが制作しやすいといったメリットがあるのか、確認が必要です。仮にメリットがあったとしても商品機能のような属性の整理はとても量が多く、管理コストがそれなりにかかります。それを踏まえて投資対効果があるのかシミュレーションし、経営レベルで意思決定をする必要があります。

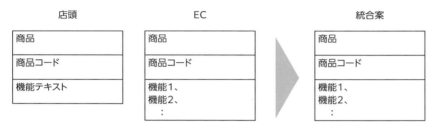

● 図4.7.3　属性の捉え方が異なる場合の統合イメージ

◆　定義のポイント4：現実的な統合の範囲に着目

　同一の管理対象は全て統合するという原則論により、整備コストが現実的ではないケースがあります。この場合、統合ではなく束ねる概念を新たに出して、コスト削減ができないか検討します。

> 各業務で取引している企業全てを一元管理するとのことですが、取引先の種類だけで30近くあります。現状、統一されていないことによる業務上の困りごとを改めてお聞かせください。

　このケースは経理部門の請求業務と支払業務の効率化を図っての取り組みだと考えられますが、**経理部門が求めていることは、同じ請求先や支払先をまとめて処理するために、まとめ用の口座を作りたいというものです。**この場合、一見すると同一対象に1つのコードを割り当てて、代表口座をもたせますが、経理部門の要望に対するメリットよりもデータを整理するコストのほうが遥かに高くつくため、要望を取り下げることになります。

　そこで、各業務の請求先や支払先をグルーピングするアプローチに変えま

す。新しい概念として「取引先」もしくは「取引先企業」を認識させて、管理対象は取引相手の法人先として定義し、取引先コードをそれぞれの請求先・支払先に割り当てていきます（図4.7.4）。

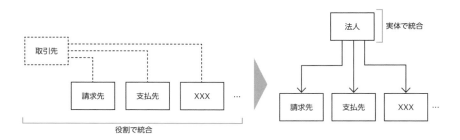

● 図4.7.4　役割の統合から実体での統合に切り替えるイメージ

◆　定義のポイント5：データ活用目的の統合に着目

　同一の管理対象を統合するにあたって、データ活用が目的の場合に限り、名寄せ型で検討します。

> 今回のデータ統合の目的は顧客分析ができることなので、名寄せ型のデータ構造で進めます。この場合、名寄せするための項目が必要なので、その項目とデータ活用で使いそうな基本的なデータ項目のみもたせるようにしましょう。

　このケースは企画フェーズでデータ連携方式が決まっているため、それに基づいてデータ構造の在り方も決めるアプローチになります（図4.7.5）。各業務のマスターデータの管理範囲と管理粒度が異なる場合は、統一的な定義を決めた上で、必要なデータが取り出せるようにデータ抽出条件を作ります。

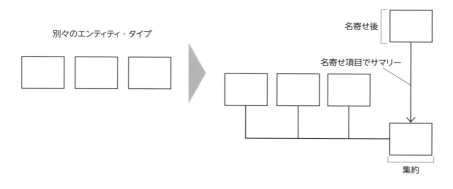

別々のエンティティ・タイプ

名寄せ後

名寄せ項目でサマリー

集約

● 図4.7.5　名寄せ型のデータ連携方式におけるデータ構造イメージ

◆ 定義のポイント6：同一管理対象の属性の分離に着目

　同一の管理対象を業務上の役割によって、属性を分離させるケースがあります。例えば機微な情報を扱う担当者は部門内の社員でも一部であるなどのケースです。このような役割の違いに基づいて、管理対象の属性の分離について検討します。

> 社員情報のうち、基本給や等級などは、人事部門の社員でも給与計算をしている一部の社員でしか扱うことができないようにしたいということですね？

　このケースは社員情報のうち、個人情報にあたる内容は業務上の役割を与えられた社員しか見てはいけない、というルールに基づく検討です。これは社員に限らず顧客や取引先でも同じことが言えます。この場合、管理目的が異なるため、異なる管理対象として認識を改めて、エンティティ・タイプを分離します。分離したエンティティ・タイプの間には新たに1：1のサブストラクチャを引きます（図4.7.6）。これで対応は完了です。エンティティ・オカレンスを分離しているのではなく、エンティティ・タイプのデータ項目を分離している点にご注意ください。

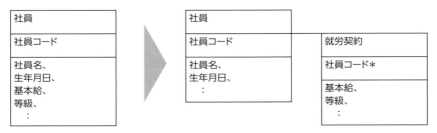

● 図4.7.6　業務上の役割に基づいて機微な情報を分けるイメージ

◆　定義のポイント7：異なる管理対象の統合に着目

　マスターの種類が異なり、異なる管理対象として定義していたものの、取引の効率性を考慮すると同一対象として扱いたい場合があります。この場合、どちらのマスターをKEYとするか検討します。正解はないので決める必要があります。

> グループ内の組織も管理できるようにグループ会社を管理対象として定義しました。また、グループ内の取引があるため、グループ会社を取引先企業としても管理対象として定義しました。

　この場合、両方でグループ会社を認識しているため、紐づけができるようにします。このケースは、グループ内取引で多く見られます。内容としては難しくなく、それぞれのエンティティ・タイプからサブタイプを一旦出します。その上で、それぞれのサブタイプを統合し、統合前の一方のKEYをそのままKEYとして採用し、もう一方のKEYは代替KEYにして完了です（図4.7.7）。

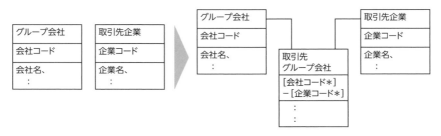

● 図4.7.7　異なる管理対象を統合するイメージ

◆ 定義のポイント8：同一管理対象の親子関係に着目

　同じ管理対象でも粒度の違いから階層関係を認識する場合があります。この階層関係の軸が業務によって異なるケースがあるため、階層関係の種類が複数ある場合のデータ構造を検討します。

> 組織は人事組織以外にも会計用の組織があることがわかりました。会計組織では本社、支社の経理部門を頂点に各部門が配下にあるということですね。これは人事組織とは異なるピラミッド構造になるため、組織の種類を分けて管理できるようにしましょう。

　このケースは組織の検討で多く見られます。組織は人事組織を中心に管理できるように検討します。その上で、他の種類の組織のデータ構造を検討します。案としては組織を人事用と会計用にサブタイプを出して、サブタイプの中で階層関係を管理できるようにします（図4.7.8）。組織名称は共通で使えるように元ファイル（組織エンティティ・タイプ）にもっておきます。

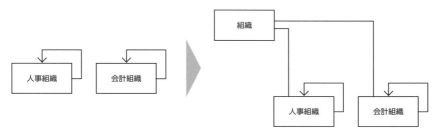

● 図4.7.8　異なる組織階層を統合するイメージ

Point! データ統合の着眼点

ファシリテーターは各業務担当者からインタビューした内容を他の業務責任者や担当者に共有し、共通の概念を作り出すことに専念する必要があります。頭の中では常に業務イメージとデータ構造をもち続けながら、ファシリテーションする必要があります。

統合にあたっての経済的なメリットやデータ整理・運用における実現可能性の検討ポイントを図4.7.9に掲載します。

ポイント	着眼点
1. 管理対象の同音異義に着目	粒度と範囲の確認
2 同義の認識対象に着目	範囲の再確認
3. 同一管理対象の属性の捉え方に着目	経済性と冗長項目の確認
4 .現実的な統合の範囲に着目	実体と役割の確認
5. データ活用目的の統合に着目	名寄せ型のデータ構造の確認
6. 同一管理対象の属性の分離に着目	セキュリティの確認
7. 異なる管理対象の統合に着目	サブタイプと代替KEYの確認
8. 同一管理対象の親子関係に着目	階層関係の種類の確認

● 図4.7.9　データ統合の着眼点

履歴の設計ポイント

前提として、あるエンティティ・タイプのデータ項目の値が時間経過とともに変わるときに、「最新のデータ」と「現在より過去、または未来におけるデータ」を履歴データと定義します。

通常、リソースの直下に異動イベントを配置し、1：Nのリレーションシップを引きます。異動イベントのKEYは「リソースのKEY＋適用開始年月日」です。

履歴データを設計するにあたり、どのような要件の場合にどのようなデータ構造を採用するのかを見ていきます（図4.7.10）。

No	代表的なマスター	履歴ファイル型	現新2世代型
1	社員	通常入社時から退社時までの異動履歴を管理することが多い。	事例が少ない。
2	商品	複数世代にわたって単価や販売条件を管理することが多い。	価格改定時の現と新の切り替えだけを管理する場合のみ。
3	取引先	事例が少ない。	営業部門や購買部門は最新の取引条件を参照し、経理部門は前月末の取引条件を参照する場合などに用いられる。

● 図4.7.10　代表的なマスターの履歴のもたせ方の評価

取引先は現・新のデータ項目を取引先の中でもたせます。ただし、履歴を保持したい項目に限ります。社員と商品は、履歴を必要とするデータ項目のみ、異動イベントにもたせます。サブタイプやサブストラクチャによって分離したエンティティ・タイプについては、異動イベントはもたせません。元のエンティティ・タイプに対して異動イベントを設けて、そこにサブタイプやサブストラクチャのデータ項目をもたせます。

データ活用基盤は、DWHのデータ設計において日次断面（毎日、データの状態をスナップショットとして保存すること）を作るケースが多いため、マスターデータも同様に日次断面を作り、これを過去履歴として扱っていきます。データ構造は、リソースから断面に1：Nのリレーションシップを引き、断面のKEYに断面コピーした日次の日付が入ります。異動イベントや断面の意味は3.4（RULE16）をご確認ください。

要件定義における「データ定義」の着眼点を知る

▓ データ定義に関するポイント

　ここからは、要件定義フェーズのデータ定義の解説に移ります。データ定義は、データベースの構築やデータ移行設計、リリース後のデータ品質管理で利用します。特にマスターデータには厳しい品質が求められます。よって、データ品質管理の基準にもなるデータ定義は、非常に重要なタスクです。そこで本節では、データ定義の記述要素を図4.8.1、図4.8.2、図4.8.3に、データ制約を図4.8.4にそれぞれ一覧形式で掲載し、解説します。

記述要素	記述内容
エンティティ・タイプ名	概念データモデルのエンティティ・タイプの名称を記述する。 ポイントは業務用語を使い、管理対象の集合に相応しい名称にする。 ・システムを想起する用語はNG 　例）○○テーブル、○○情報、○○ファイル、ワーク○○ ・業務用語でも資源や出来事がイメージできない用語はNG 　例）○○管理、○○書
説明	管理対象の概念を説明する。具体的には、「○○とは」で始まる文章にする。 例）顧客とは当社と販売取引契約を締結している法人企業である
KEYの発番範囲	どのような管理対象が含まれているのを記述する（何を含み、何を含まないか）。 例）見込客および契約終了した顧客は含まない
KEYの発番粒度	管理対象の粒度を記述する。 例）法人顧客は法人相当であり、部署相当は含まない
エンティティ・オカレンスの発生量	管理対象の想定件数を記述する。 例）現在有効な顧客は2000社、新規顧客獲得は年100社、解約は年10社
データライフサイクル	データの生成～消滅までのライフサイクルを記述する。 例）販売取引契約の締結によって誕生し、解約によって消滅する
データリネージ	データの出生地、生い立ちを記述する。 例）マーケティング部門のMAシステムのリードデータをI/Fして顧客データを生成する
データオーナー	データの品質の担保、定義の決定に責任をもつ部門もしくは責任者を記述する。 例）顧客マスターデータのデータオーナーは営業部門の本部長である

● 図4.8.1　エンティティ・タイプの記述要素

記述要素	記述内容
データ項目名	データ項目の名称を記述する。 ポイントは業務用語を使い、管理対象を説明する要素を名称にする。 また、RKEYは役割を示すロール名を修飾語に入れる。例えば、倉庫が所属するセンターを示すためにセンターコードをRKEYにもっているとするならば、データ項目名は所属センターコードにする。 （注意）データ項目はエンティティ・タイプごとに決めるため、別のエンティティ・タイプで同一のデータ項目名は存在しないものとする。
所属エンティティ・タイプ名	データ項目が所属するエンティティ・タイプの名称を記述する。
KEY	KEYの場合のみ、番号を記述する。単体KEYは1固定、複合KEYは1から順に付番する。
代替KEY	代替KEYの場合のみ、番号を記述する。単体の代替KEYは1固定、複合の代替KEYは1から順に付番する。
参照先エンティティ・タイプ名	RKEYの場合のみ、参照先のエンティティ・タイプの名称を記述する。
参照KEY	RKEYの場合のみ、番号を記述する。単体RKEYは1固定、複合RKEYは1から順に付番する。
データ型	データの型を記述する。文字型、数値型、日付型、バイナリー型から選択する。
桁数	桁数を記述する。小数の場合は全体の桁数と小数点以下の桁数を（10,2）のように記述する。
説明	データ項目の業務的な意味を説明する。具体的には、「○○とは」で始まる文章にする。 例）代表者名称とは当社と販売取引契約を締結している法人企業の代表者取締役の名前である
値事例	区分やフラグといった値のバリエーションが予め決められているデータ項目に対して、値のバリューチェーンを記述する。コード一覧表として別紙にまとめて、ここではリンクを飛ばす方法でも可能。
コード体系	KEYのコード体系を記述する。要素KEYに対する定義でもある。 例）顧客コード　頭2桁＋4桁連番　頭2桁は業種コードである。
データ制約	現実世界におけるデータの相応しい在り方を記述する。 データ制約の種類と説明は本書の表4.8.4参照。

● 図4.8.2　データ項目の記述要素

記述要素	記述内容
データ項目名（区分・フラグ）	区分・フラグのデータ項目名を記述する。
説明（区分・フラグ）	区分・フラグのデータ項目の説明を記述する。
区分値・フラグ値	区分・フラグの値を全て列挙する。
区分値名称・フラグ値名称	区分・フラグの値に対応付く名称を記述する。
区分値・フラグ値の説明	区分・フラグの値に対する業務的な説明を記述する。

● 図4.8.3　コード一覧の記述要素

◆ データ制約

　記述要素のうち、ここではマスターデータの品質管理やデータ移行に直結

する「データ制約」について深掘りします。

データ制約は、現実世界におけるデータの相応しい在り方を記述するものです。**このデータの相応しい在り方が、データ品質として維持したい基準となります。**従って、この基準を違反していないかチェックすることが、データ品質の検証の目的となります。なお、データ制約はデータ移行時のデータ品質の検証にも積極的に用います。図4.8.4は代表的なデータ制約の種類です。業務担当者とエンティティ・タイプやデータ項目を定義する際に使用してください。

なお、このような制約は画面定義書の中で行われることもあります。画面定義書でデータ制約を記述するメリットは、画面の仕様にそのまま使えることです。**デメリットは、画面ごとにデータ制約を決めるため、同じようなデータ制約を画面ごとに定義する必要があることです。**データ制約が冗長になるため、整合性を取っていく必要があります。そこで業務のやり方に合わせてデータの相応しい在り方を決めて、画面の仕様に継承します。画面の仕様を決めていく過程で、業務固有のデータ制約が出てきたら、データ定義のデータ制約にどのように反映すべきか検討します。

この文脈からもわかるように、**データ定義書は最終的にはメタデータとして管理されるため、データマネジメント層が必要とするデータ**です。システム開発層では画面定義書にデータ制約を記述すればプログラム開発ができますが、企業全体のデータの品質を高めるためにはデータ制約をメタデータで一元管理することが重要です。特に業務横断で使われるため、マスターデータに対するメタデータ管理はとても重要になります。

No.	データ制約の種類	説明	設定箇所と例示	補足説明
1	ドメイン制約	データ項目の取り得る値が保証されること	ドメイン制約の設定：すべてのデータ項目に設定 ①データタイプ：データの型と桁数 　例）店舗コードは「文字6桁」、店舗数は「数値15桁、小数なし」 ②範囲：取り得る値を不等号で示すもの 　例）社員年齢<60（才）、基本給>0 ③値列挙：区分やフラグなど、値のバリエーションが決まっているもの 　例）社員区分　1：正社員　2：管理職　3：役員　4：アルバイト	MDMで意識する制約はドメイン制約です。
2	識別子制約	KEYのユニーク性が保証されること	識別子制約の設定：すべてのKEYに設定 例）商品エンティティ・タイプの商品コードとJANコード	識別子制約は代替KEYも含みます。

● 図4.8.4　主要データ制約一覧（次ページに続く）

3	存在制約	業務上、意味のあるエンティティ・タイプとして認められるために、あるデータ項目については、値が必ず存在すること	存在制約の設定：サブタイプ・サブストラクチャのデータ項目に設定 ①サブタイプ別存在制約：サブタイプで示す 　例）アルバイト社員に対して、有給休暇日数というデータ項目は意味がない 　　　役員に対して、代表権有無区分というデータ項目の値が必ず存在すること ②サブストラクチャ別存在制約：サブストラクチャで示す 　例）社内融資契約において、申込済の際は社員コード、融資希望金額、月別返済金額の値が存在し、担保設定が済むと担保物件名、担保評価額の値が必ず存在すること	データモデルのサブタイプやサブストラクチャのデータ項目の値が業務と同期をとって生成されることを意味します。
4	参照制約	RKEYの値はKEYの値であること	参照制約の設定：すべてのRKEYに設定 例）商品エンティティ・タイプの商品分類コードの値は、商品分類エンティティ・タイプの商品分類コード（KEY）に同じ値がある	データモデルのKEY・RKEYの矢線で表現されます。
5	多重度制約	KEY側の1件に対するRKEY側の件数を制限すること	多重度制約：N側のエンティティ・タイプに設定 例）社員は同時に3つ以上の社内融資契約をもてない。新しく融資契約を行おうとする場合、更新後融資契約数が3以上になるなら新契約を認めない。	ERデータモデルで使う表記法（IEやIDEF1Xなど）ではカーディナリティとして表現します。
6	業務ルール制約	複数のデータ項目間のルール（加工元データから加工データを導く条件）を守ることで値が保証されること	業務ルール制約の設定：加工項目に設定 ①四則演算：同一もしくは他のエンティティタイプのデータ項目の値より四則演算して導出するもの 　例）売上明細の金額は商品の単価を参照して求める ②論理演算：論理式に基づいて導出するもの 　例）融資契約において 　　　元利均等且つボーナス返済有りならば不可 　　　元利均等且つボーナス返済なしならばは可 　　　一括且つボーナス返済ありならば不可 　　　一括且つボーナス返済なしならば可 ③集計演算：他のエンティティ・タイプのデータ項目の値を単純にサマリーして導出するもの 　例）売上の合計金額は売上明細の金額を集計 ④更新演算：あるエンティティ・タイプの値が更新されるのと連動して、別のエンティティ・タイプの値が更新されるもの 　例）入庫もしくは出庫に連動して在庫数を更新する 　　　安全在庫数を下回った商品を自動で発注する ⑤複製演算：あるエンティティ・タイプのデータ項目の値を別のエンティティ・タイプにコピーするもの 　例）月末時点の在庫数を毎月記録する 　　　受注明細時点の在庫数を受注明細ごとに記録する	加工項目とは、別のデータ項目をINPUTにして、処理（四則演算、論理演算、集計演算、更新演算、複製演算など）によって導出されるデータ項目を指します。

● 図4.8.4　主要データ制約一覧（の続き）

要件定義における「データ移行マッピング」の着眼点を知る

▦ データ移行マッピングに関するポイント

　ここからは、要件定義フェーズのデータ移行マッピングの解説に移ります。図4.9.1で示している通り、データ移行マッピングはAsis物理とTobe物理のデータ項目マッピングを指します。また、コード値のマッピングについても、データ項目のマッピングを決めたら行います。エンティティ・タイプのマッピングは、移行対象を決めたり、KEYの粒度と範囲の違いをどのように処理するのかを検討したりする際に用います。

　一般的にはこれらのタスクはシステム化要件定義と言われており、業務要件定義が固まった上でシステム設計に向けた準備工程として行われます。

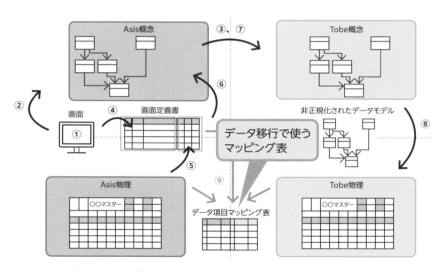

● 図4.9.1　データ移行マッピングの箇所

　本節ではデータ移行マッピングの作成方法とポイントについて、実際のサンプルを用いながら解説します。なお、サンプルは実際の雰囲気を掴んでもらいたいため、あえて細かめな内容としています。紙面では見えにくい箇所

もあると思いますが、そこは雰囲気を掴む程度にしていただき、マッピング表の項目に着目して読んでいただければ幸いです。

◆ エンティティ・タイプのマッピング

エンティティ・タイプのマッピングを作成する目的は、「統合対象のエンティティ・タイプ」および「KEYの変更」を特定するためです。作成方法は図4.9.2をご覧ください。

| 【手順1】
Tobeのエンティティ名・意味・KEYを記入する。 | 【ポイント1】
KEYの違いはデータ項目マッピング表上に記入するよりも、エンティティマッピング表に記入して捉えた方が見やすいため、ここに記入する。
また、AsisのKEYに何らかのルールがある場合はコメント欄に記入しておく。 | 【手順2】
Asisのテーブルが属しているシステム名、テーブル名、意味を記入する。 | 【手順3】
Asisのテーブルの KEY を記入する。 | 【ポイント5】
データ移行対象とするか否かをテーブル単位で議論するのに使うため、この欄は設けておく。 |

TOBE			ASIS				KEY			移行対象
エンティティ名	意味定義	KEY	システム名	テーブル名（論理名）	テーブル名（物理名）	意味説明	論理名	物理名	KEYに関するコメント	
社員	社員とは正社員、契約社員、アルバイトのこと。	社員コード	Aシステム	社員情報	M_SYN01	営業社員を管理する。	社員番号、年月日	SYAIN_NO、YMD	最新の社員は年月日が最新のもの。	
社員	社員とは正社員、契約社員、アルバイトのこと。	社員コード	Bシステム	ユーザー	M_USER	システムを利用するユーザーを管理	ユーザーID			
社員	社員とは正社員、契約社員、アルバイトのこと。	社員コード	Cシステム			担当管理	利用者番号			
顧客	顧客とは取引契約を結んでいる顧客のこと。	顧客コード	Aシステム	注文者	CHM	お客様に関する基本情報を管理する。	注文者コード	CHM_CD		
顧客	顧客とは取引契約を結んでいる顧客のこと。	顧客コード	Dシステム	お客様情報	W_CUS	取引契約のある顧客を管理する。	お客様番号	CUS_NO		
商品	商品とはECサイトのアイテムを指し、商品を束ねている。	商品コード	Aシステム	アイテム	ITE001	販売品のアイテムを管理する。	アイテムコード	ITE_NO		
商品	商品とはECサイトのアイテムを指し、商品を束ねている。	商品コード	Bシステム	商品情報	SJAA01	商品のアイテムと単品を管理する。	商品番号	SJAA_NO		
商品詳細	商品詳細とは販売品の最小単位。	商品コード、枝番	Aシステム	SKU	SKU001	販売品の単品を管理する。	JANコード	JAN_CD		
商品詳細	商品詳細とは販売品の最小単位。	商品コード、枝番	Bシステム	商品情報	SJAA0					

【ポイント2】
セルは結合するとフィルタリングしにくいため、あえて冗長的に記入するのがポイント。

【ポイント3】
この単位（＝Tobeの1エンティティ）がデータ項目マッピング表1枚の作成単位となる。
この例ではTobeの顧客エンティティの単位で1枚のデータ項目マッピング表を作成する。

【ポイント4】
Asisが1エンティティで、Tobeがヘッダー・明細型のエンティティとなった場合、Asisの1エンティティはTobeのヘッダーと明細のそれぞれに対応付けする。

● 図4.9.2　エンティティ・タイプのマッピング表

◆ データ項目のマッピング

データ項目のマッピングを作成する目的は、「統合対象のデータ項目」を特定するためです。作成方法は図4.9.3をご覧ください。また、マッピングパターンを図4.9.4に示します。

【手順3】Asisデータ項目に軸を合わせて記載する。

【手順1】Asisデータ項目を記入する。横軸にシステムごとのAsisデータ項目を並べる。同じシステム内に類似テーブルがあれば、別にして横に並べる。

【手順2】意味が同じデータ項目は同じ行に記載する。

Tobe								Asis（Aシステム）							Asis（Bシステム）							
エンティティ名	データ項目名	PK	FK	型	桁数	NOT NULL	意味	テーブル名	データ項目名	PK	FK	型	桁数	意味	テーブル名	データ項目名	PK	FK	型	桁数	NOT NULL	意味
社員	社員コード	○		文字	6	Y	…	社員情報	社員番号	○		CHAR	5	…	ユーザー	ユーザーID	○		CHAR	2	Y	…
社員	社員名称			文字	100	Y	…	社員情報	社員名			CHAR	50	…	ユーザー	ユーザー名			CHAR	13		…
社員	住所			文字	1000		…	社員情報	住所			CHAR	200	…	ユーザー	住所1			CHAR	100		…
社員	住所			文字	1000		…								ユーザー	住所2			CHAR	100		…
社員	生年月日			日付	8		…								ユーザー	生年月日			DATE	-		…
社員	入社年月			日付	6		…								ユーザー	入社年月			DATE	-		…
社員	業務区分		○	文字	2	Y	…	社員情報	社員種別		○	CHAR	2	…	ユーザー	社員区分		○	CHAR	2	Y	…
社員	役職区分		○	文字	2	Y	…	社員情報	社員種別		○	CHAR	2	…								
								社員情報	年月日	○		DATE	-	…								
社員	退職年月			日付	6		…															.
社員	部署コード		○	文字	6	Y	…	社員情報	部署コード		○	CHAR	6	…	ユーザー	部署コード		○	CHAR	6	Y	…
社員	部署コード		○	文字	6	Y	…								ユーザー	履歴番号		○	NUMBER	4	Y	…

【ポイント6】統合パターン5のマッピング。Tobe欄にしかデータ項目を記入しない。

【ポイント2】統合パターン2のマッピング。Asis欄に同じデータ項目を記載する。

【ポイント5】統合パターン4のマッピング。Asis欄にしかデータ項目を記載しない。

【ポイント3】統合パターン3のマッピング。Tobe欄に同じデータ項目を記載する。

【ポイント4】統合パターン3のマッピング。Tobe欄に同じデータ項目を記載する。Asisが複合外部KEYで、Tobeが単体外部KEYとなった場合も統合パターン3と同じ書き方で記載する。

【ポイント1】統合パターン1のマッピング。単純にAsisのデータ項目をTobeにマッピングする。

● 図4.9.3　データ項目のマッピング表（一部省略）

パターンNo	パターン名	Asis		Tobe	説明
パターン1	1：1マッピング	○	→	○	単純なマッピング
パターン2	1：Nマッピング	○	→	○	Asisのデータ項目を分割する
			→	○	
パターン3	N：1マッピング	○	→	○	Asisのデータ項目を統合する
		○	→		
パターン4	1：0マッピング	○	→		Tobeには必要ない項目
パターン5	0：1マッピング		→	○	新規項目

● 図4.9.4　データ項目のマッピングパターン

◆ コード値のマッピング

　コード値のマッピングを作成する目的は、「統合対象のコード値」を特定するためです。統合対象のコード値は変更が伴うため、業務担当者と決める必要があります。作成方法は図4.9.5をご覧ください。

【手順1】
データ項目マッピング表の区分・フラグのデータ項目を対象にTobeとAsisのそれぞれのシステム名、エンティティ・タイプ名、データ項目名を記載する。

TOBE						ASIS					
新システム						Aシステム		Bシステム		Aシステム	
社員			顧客			社員情報		ユーザー		顧客情報	
社員区分			顧客社員区分			社員種別		社員区分		顧客社員種別	
コード値	名称	説明	コード値	名称	説明	コード値	名称	コード値	名称	コード値	名称
01	正社員	会社と正社員雇用契約を結んでいる社員のこと。	01	正社員	会社と正社員雇用契約を結んでいる社員のこと。	A	正社員	1	正社員	A	正社員
02	契約社員	会社と契約社員雇用契約を結んでいる社員のこと。				B	契約社員	2	契約社員		
03	アルバイト・パート	会社とアルバイト・パート社員契約を結んでいる社員のこと。	03	アルバイト・パート	会社とアルバイト・パート社員契約を結んでいる社員のこと。	C	アルバイト・パート	3	アルバイト	C	アルバイト・パート
04	出向社員	親会社から出向している社員のこと。						4	出向社員		

【手順3】
Asisのコード値を軸に記述する。わかりにくいコード値は説明を付け加えておく。

【手順2】
Asisのコード値を記載する。

【ポイント1】
同じAsisのシステム内において、複数テーブルで同じ区分・フラグのデータ項目を参照していた場合は、合わせてマッピングさせる。テーブルによって使用している区分値が変わる可能性があるため。

● 図4.9.5　コード値のマッピングパターン

詳細設計における「移行検証と名寄せ」の着眼点を知る

システム設計に関するポイント

　ここからは、詳細設計フェーズのシステム設計の解説に移ります。MDMのシステム設計はデータ統合が伴うため、データ移行に向けた準備を丁寧に行う必要があります。既に要件定義の中でデータ移行のマッピング表は完成されています。本節ではデータ移行後のデータ品質検証パターンの作成と名寄せの準備に必要な観点について解説します。

　図4.10.1はタスクの前後関係がわかるようにしたものです。

● 図4.10.1　データ移行準備に必要なタスク

データ品質の検証

　データ品質の検証とは、データ制約に違反しているデータをチェックすることです。図4.10.2はデータ移行時に使えるデータ品質検証一覧です。Asis・Tobe物理マッピングに基づいてデータ移行を実施した後にこの一覧表を使います。

　データ制約の深掘りで解説した通り、データの品質を判断するためには、業務的な意味に基づくデータ制約が作成されていないとできません。従って、全てのデータ項目にデータ制約を設けた上で、データ移行に臨みます。図4.10.2ではどのデータ制約が関係しているのかがわかるよう、対応付けをしています。

検証の視点		データ制約	検証内容	検証対象	例
桁	指定桁以下	ドメイン制約	データ値が所定の桁数以下であることを検証する。1byteの半角文字（英数記号）とマルチバイト文字が混合したデータ値を検証する場合は、byte数で指定することもあり得る。	[名称]、[住所]や[金額]など、データ値の桁数が不定になるデータ項目。	[発注金額]は7桁以下でなければならない。[社員名]は50byte以下でなければならない。
	指定桁とイコール	ドメイン制約	データ値が所定の桁数であることを検証する。	[コード]や[区分]など、データ値の桁数が固定になるデータ項目。	[社員番号]は10桁でなければならない。
型	英字	ドメイン制約	データ値が英字のみで構成されていることを検証する。必要に応じて以下の区分けを考慮する。(1) 大文字のみ (2) 小文字のみ (3) 大文字/小文字区別なし	業務ルール上、英字のみで構成されるべきデータ項目。[コード]や[区分]であることが多いが、グローバル対応システムの場合はその限りではない。	[機種コード]は英字-大文字のみで構成されていなければならない。
	数字	ドメイン制約	データ値が数字のみで構成されていることを検証する。数値としての検証が必要な項目は、以下の区分けを考慮する。(1) 正数/負数 (ア) 正の数のみ (イ) 負の数のみ (ウ) 正の数/負の数区別なし ※負の数を検証する場合はマイナスシンボル (-) の扱いに注意すること。(2) 整数/小数 (ア) 整数のみ (イ) 小数のみ (ウ) 整数/小数区別なし ※小数を検証する場合は小数点シンボル (.) の扱いに注意すること。(3) ゼロ (0) を許容するか否か	業務ルール上、数字のみで構成されるべきデータ項目。[金額]や[割合]はもちろん、[コード]や[区分]にも多く見られる。	[受注金額]は0以外の数字でなければならない。[社員番号]は数字のみで構成されていなければならない。
	日付/時刻	ドメイン制約	データ値がカレンダー上の日付/時計上の時刻として成立していることを検証する。後述のフォーマットと併せて検証することが一般的である。	[年月日]や[時刻]。	[役職コード]は記号を含んではならない。[型番]にはハイフン (-) 以外の記号を含んではならない。
	記号/スペース	ドメイン制約	データ値に記号（_ -	<>[] など）やスペースが含まれているか否かを検証する。この検証においては、記号やスペースが含まれるとエラーと見なすことが多い。ただし、特定の記号に関してはエラーとしないケースも少なくない。	業務ルールやデータベース設計方針に大きく依存する。	[役職コード]は記号を含んではならない。[型番]にはハイフン (-) 以外の記号を含んではならない。
	マルチバイト文字	ドメイン制約	データ値にマルチバイト文字が含まれているか否かを検証する。ほとんどの場合、以下の2通りに限られる。(1) データ値にマルチバイト文字が含まれていないことを検証する。(2) マルチバイト文字のみで構成されていることを検証する。	業務ルールやデータベース設計方針に大きく依存する。	[社員名]にマルチバイト文字を含んではならない。[住所]はマルチバイト文字のみで構成されなければならない。

左端縦：単一データ項目検証

● 図4.10.2 品質検証一覧（次ページに続く）

155

検証の視点		データ制約	検証内容	検証対象	例
単一データ項目検証	型	環境依存文字や外字	ドメイン制約	データ値に環境依存文字（①、Ω、㌍など）や外字が含まれているか否かを検証する。この検証においては、これらの文字が含まれるとエラーと見なすことが圧倒的に多い。	データベース設計方針に大きく依存する。	[備考]以外の全データ項目に環境依存文字（または外字）を含んではならない。
	値	必須入力	存在制約	データ値がNULLでないことを検証する。	業務ルール上、NULLであってはならないデータ項目。KEYとなる[コード]や[番号]の項目や、名称などの[文字列]にも多く見られる。	[社員番号]は必ず入力されていなければならない。[得意先名称]は必ず入力されていなければならない。
		範囲	業務ルール制約	データ値が特定の範囲内にあることを検証する。必ず以下の区分けを考慮する。 (1) 最小値以上 (2) 最大値以下 (3) 最小値以上〜最大値以下	業務ルール上、上限や下限が設けられるデータ項目。[金額]や[割合]などの数値項目に多く見られる。[日付]や[時刻]も少なくない。ごく稀に[コード]にも見られる。	[市場占有率]は0以上100以下でなければならない。[小額決済金額]は200000円以下でなければならない。
		値リスト	業務ルール制約	データ値が特定の値リスト内にあることを検証する。	業務ルール上、特定の値以外を取ってはいけないデータ項目。[コード]、[区分]や[フラグ]項目に見られることが多い。	[有効フラグ]は'0'または'1'でなければならない。
		フォーマット	ドメイン制約	データ値が指定されたフォーマットに一致していることを検証する。	[日付]、[時刻]や[番号]などの項目に見られることが多い。	[入社年月日]は'YYYY/MM/DD'の形式でなければならない。[登録番号]は'9999-99-9999'の形式でなければならない。
単一テーブル内検証	データ項目レベル	値比較（レコード内）	業務ルール制約	ある1レコードにおいて、2つのデータ値を等号／不等号を用いて比較することで、業務ルールが遵守されていることを検証する。比較対象となるのは、単一のデータ値や固定値、または複数のデータ値や固定値の加工結果である。	-	・[有効開始日]は[有効終了日]以前でなければならない。 ・[商品単価]×[受注数量]は[受注金額]と同じでなければならない。 ・[国種別]は'JPN'（という固定値）でなければならない。
		値比較（レコード間）	業務ルール制約	2つのレコードにおいて、2つのデータ値を等号／不等号を用いて比較することで、業務ルールが遵守されていることを検証する。比較対象となるのは、単一のデータ値や固定値、または複数のデータ値や固定値の加工結果である。	-	・ある部門における担当者の[担当開始週]は前任者の[担当終了週]+1でなければならない

● 図4.10.2　品質検証一覧（の続き）

156

検証の視点		データ制約	検証内容	検証対象	例
データ項目レベル	値比較（要約値）	業務ルール制約	複数レコードを要約したデータ値を等号／不等号を用いて比較することで、業務ルールが遵守されていることを検証する。要約値と固定値の比較であることが多い。	-	・ある部門の各課への[予算配布率]の合計は100でなければならない。 ・ある部門の各課への[予算配布率]は10以上でなければならない。 ・ある部門の各課への[予算配布率]は30以下でなければならない。
	条件付き値制約	業務ルール制約	ある条件下における値制約が守られていることを確認することで、業務ルールが遵守されていることを検証する。	-	・[追徴フラグ]が'1'の場合、[追徴金額]は必須入力 ・[有効開始日]が未来日付の場合、[機種種別]は'F'でなければならない
	値重複	識別子制約	単一テーブル内で一意になるべき情報（多くの場合は、主キーまたは代替キーとなる項目または項目の組み合わせ）が、一意になっているか否かを確認することで、業務ルールが遵守されていることを検証する。 ※トランザクションデータにおいては、RDBMS上に実装されている主キーが無意味連番の場合、論理的な代替キーが存在する可能性があるため、見逃さないように注意が必要である。	-	・<受注>テーブルでは、[受注番号]は一意でなければならない
	値存在（親無しチェック）	参照制約	子レコードのRKEY値に対応するKEY値が親レコードに存在する。	-	・<組織>テーブルに存在する[親組織コード]の値は、必ず<組織>テーブルの[組織コード]の値として存在しなければならない。
	値存在（子無しチェック）	参照制約	親レコードのKEY値に対応するRKEY値が子レコードに存在する。 検証対象が、親レコードの一部（抽出条件付き）だけの場合がほとんどである。	-	・<組織>テーブルに存在する[組織コード]の内、[組織分類]の値が'1'（本部）であるものは、必ず<組織>テーブルの[親組織コード]の値として存在しなければならない。
レコードレベル	レコードカウント	業務ルール制約	単一テーブル内のレコード件数を確認することで、業務ルールが遵守されていることを検証する。全レコードの件数を確認することもあれば、ある条件で絞り込んだ件数を確認することもある。	-	・<週間稼働方針>テーブルには、課ごとに7レコード（日曜～土曜分）存在しなければならない。 ・<年度予算>テーブルには、部門単位に少なくとも1レコード存在しなければならない。

（左端縦書き: 単一テーブル内検証）

● 図4.10.2　品質検証一覧（の続き）

検証の視点		データ制約	検証内容	検証対象	例
異テーブル間検証	データ項目レベル / 値存在（親無しチェック）	参照制約	子レコードのRKEY値に対応するKEY値が親レコードに存在する。	-	・<受注明細>テーブルに存在する[受注番号]の値は、必ず<受注>テーブルの[受注番号]の値として存在しなければならない。
	値存在（子無しチェック）	参照制約	親レコードのKEY値に対応するRKEY値が子レコードに存在する。検証対象が、親レコードの一部（抽出条件付き）だけの場合もあり得る。	-	・<受注>テーブルに存在する[受注番号]の値は、必ず<受注明細>テーブルの[受注番号]の値として存在しなければならない。
	値比較（テーブル間）	業務ルール制約	テーブルの異なる2つのレコードにおいて、それぞれのデータ項目の値を等号／不等号を用いて比較することで、業務ルールが遵守されていることを検証する。比較対象となるのは、単一のデータ値、または複数のデータ値や固定値の加工結果である。	-	・<計画>テーブルに存在する[目標金額]は、<商品>テーブルの[基準単価]×<需要予測>テーブルの[予測数量]×1.25と同じ値でなければならない。 ・<経費申請>テーブルの[申請日]は<営業カレンダー>テーブルの[当期終了日]以前でなければならない。
	条件付き値制約	業務ルール制約	2つ以上のテーブル間において、ある条件下における値制約が守られていることを確認することで、業務ルールが遵守されていることを検証する。	-	・<顧客>テーブルの[顧客区分]が'9'の場合、<苦情受付>テーブルの[特別対応]は必須入力
	レコードレベル / レコードカウント	業務ルール制約	2つ以上のテーブル内のレコード件数を確認し、それぞれを比較することで、業務ルールが遵守されていることを検証する。全レコードの件数を確認することもあれば、ある条件で絞り込んだ件数を確認することもある。	-	・<販売実績>テーブルには、2000年1月1日から2012年6月30日までの間で、各週に最低1レコード存在しなければならない。（トランザクションが1件もない週があってはならない）。 ※カレンダテーブル相当との突合があり得るので異テーブル間とした ・<会員契約>テーブルのレコードを[顧客コード]で一意にしたレコード数と、<会員>テーブルのレコード数は同じでなければならない。

● 図4.10.2　品質検証一覧（の続き）

::: データクレンジング

　データクレンジングとは、名寄せ対象の文字列に対して文字列標準化処理を行い、多くの文字列が一致するように変換し、実施することを指します。文字列の標準化の7つの観点について解説します。

◆ 1. 法人格の標準化

　法人格は省略表記や前後など記載方法に広がりがあるため、非常にバラツキが発生しやすい文字列です。よって、図4.10.3のようなバラツキのある法人格を表す文字列を除去します。

株式会社	有限会社	合資会社	合名会社	相互会社	協同組合	財団法人	学校法人	医療法人
株式会社	有限会社	合資会社	合名会社	相互会社	協同組合	財団法人	学校法人	医療法人
（株）	（有）	（合）	（名）	（相）	（協）	（財）	（学）	（医）
（株）	（有）	（合）	（名）	（相）	（協）	（財）	（学）	（医）
㈱	㈲	－	－	－	－	－	－	－
株）	有）	合）	名）	相）	協）	財）	学）	医）
…	…	…	…	…	…	…	…	…

● 図4.10.3　法人格の文字列変換表の例（一部）

◆ 2. アルファベット・カタカナの標準化

　アルファベットもしくはカタカナのいずれかで表記可能な名称の場合、大文字小文字、全角半角などバラツキが発生しやすいものです。よって、図4.10.4のような文字列変換を行うことで文字列を標準化します。

半角アルファベット	全角アルファベット	変換後
A	Ａ	エ
B	Ｂ	ビ
C	Ｃ	シ
…	…	…

> アルファベットをカタカナに統一

> 全角大文字に統一

全角ひらがな	全角カタカナ	半角カタカナ	全角カタカナ小文字	半角カタカナ小文字	変換後
あ	ア	ｱ	ァ	ｧ	ア
い	イ	ｲ	ィ	ｨ	イ
う	ウ	ｳ	ゥ	ｩ	ウ
…	…	…	…	…	…

● 図4.10.4　アルファベット・カタカナ変換表の例（一部）

アラビア数字は全角、半角が混在するケースが多いため、いずれかに統一します（図4.10.5）。ただし、対象データの特性によって使い分ける必要があります。例えば、郵便番号や電話番号などの場合、社内で半角アラビア数字に統一されている場合、半角に統一します。

なお、アラビア数字と漢数字の統一化は困難です。例えば、住所における名称や地名は、漢数字が正式な名称として使われることがあるためです。

全角アラビア数字	半角アラビア数字	変換後
0	0	0
1	1	1
2	2	2
3	3	3
4	4	4
5	5	5
…	…	…

全角か半角に統一

● 図4.10.5　アラビア数字変換表の例（一部）

◆ 4. 誤用や異体字のある漢字の標準化

誤用や異体字のある漢字は、よく用いられる漢字と混同して使われることが多いため、標準的な漢字に変換します（図4.10.6）。

変換前	変換後
斎	斉
齋	斉
齊	斉
邊	辺
邉	辺
埜	野
…	…

● 図4.10.6　誤用・異体字変換表の例（一部）

◆ 5. その他文字列の標準化

記号、括弧、特殊文字は、基本的に除去することで標準化を図ります（図4.10.7）。

変換前	変換後
イコール（全角）	=
ｲｺｰﾙ（半角）	=
アスタリスク（全角）	*
ｱｽﾀﾘｽｸ（半角）	*
カギ括弧（始）（全角）	「
カギ括弧（終）（全角）	」
メートル	メートル
キロメートル	km
…	…

● 図4.10.7　その他文字列除去の例（一部）

◆ 6. 別項目の値混在の標準化

　本来は別のデータ項目の値にもかかわらず、1つのデータ項目で異なる意味の値を混在させているケースにおいて、除去すべき文字列が予め判明している場合は除去します。件数が少ない場合、手作業による対応も検討します（図4.10.8）。

ケース	会社名		変換後
会社名に事業所名や部署名などが混在	伊藤工業	財務部	伊藤工業
	佐藤金属	福岡支店	佐藤金属
	田中電気	購買グループ	田中電気
会社名に個人名や役割が混在	伊藤工業	山本社長	伊藤工業
	佐藤金属	鈴木様	佐藤金属
	田中電気	発注担当	田中電気
会社名にメッセージが混在	伊藤工業	月初締め	伊藤工業
	佐藤金属	販促品送付先	佐藤金属
	田中電気	支払先	田中電気

● 図4.10.8　別項目の値混在における除去の例（一部）

◆ 7. アルファベット・カタカナ混在の標準化

　アルファベットとカタカナが混在しているケースでは、合わせやすい方法で統一します。図4.10.9は全角大文字で長音記号なしで統一しています。

ケース	変換前	変換後
半角・全角混在	DRI	デアルアイ
	DRI	デアルアイ
半角・全角混在 大文字小文字混在	Dri	デアルアイ
	Dri	デアルアイ
カナ大文字小文字混在	ディアルアイ	デアルアイ
アルファベット・カナ混在	DRI	デアルアイ
	ディー・アール・アイ	デアルアイ

● 図4.10.9　アルファベット・カタカナ混在の統一例（一部）

Point!　データ統合に伴うデータ移行の重要性

MDMのシステム開発は、通常のシステム開発にはない「データ項目の業務的な意味やデータ制約」が重要です。

データ移行やデータクレンジングは100点を目指すことができません。時には業務担当者と決めながら進めていくことも必要です。

MDMシステム保守を経験すると業務理解が深まる

　筆者がMDMシステム保守を経験してよかった点を紹介します。

　システム保守を経験すると、業務とシステムの知識を幅広く理解することができます。特にマスターデータについては、リソース整備系業務とバリューチェーン業務の両面を押さえる必要があるため、企業全体の業務知識が自ずと増えていきます。例えば、店舗マスターであれば、リソース整備系業務として、店舗開発業務の知識が手に入ります。店舗を参照しているバリューチェーン業務についても、データ連携先のシステム担当者や業務担当者と業務要件を詰める過程で、業務の理解が進みます。

　面白い点としては、探求心が育まれることです。全体を理解するまでに時間を要しますが、自分が保守しているマスターデータがどの業務に繋がっているのかわかった瞬間が喜びです。

　マスターデータの登録業務にあたっては、業務要件を確認した上で登録内容に問題ないかチェックする面白さがあります。例えば、仕訳を生成するためには仕訳パターンが必要です。仕訳パターンというのは面白いもので、企業全体の取引が理解できます。取引が理解できると、企業全体の商流からデータの流れを理解できるため、俯瞰した知識が手に入ります。ユーザー部門との調整も伴うため、データスチュワードの能力も養えます。

　システム知識においても、履歴管理の方式やシステム処理の組み方、データベースの容量やパフォーマンスなどが学べます。また、マスターデータのデータ構造は現実世界の対象をイメージしやすいため、データモデルの重要性も腑に落ちます。特にデータ抽出作業においては、データモデルがないと非常に困ることも体感的に理解できます。

　このように、MDMのシステム保守を経験することで、企業内のデータに関する専門家としての素地ができます。機会があれば、経験することをお勧めいたします。

MDMの進め方の概観を理解している	✓	4.1（RULE22）
目的の明確化がMDMの最重要事項であることを理解し、経営者との合意形成の現実解が腑に落ちている	✓	4.2（RULE23）
データ連携方式の理想は集中管理型と言われているが、現実解として名寄せ型が求められていることも理解している	✓	4.3（RULE24）
MDMシステム開発プロジェクトを推進する上で必要な体制と役割を理解している	✓	4.4（RULE25）
データ項目の業務的意味の甘さがMDMシステム開発プロジェクトの成功の可否を決めることの理由が腑に落ちている	✓	4.5（RULE26）
ファシリテーターとして必要なAsis分析のインタビューの着眼点とTobe設計におけるデータ統合の着眼点を理解している	✓	4.6（RULE27） 4.7（RULE28）
データ定義の書き方がわかり、データ制約がデータ品質基準を定める拠り所になっていることを理解している	✓	4.8（RULE29）
データ移行マッピング、データ移行の検証方法、データクレンジングの準備について、それぞれやり方を理解している	✓	4.9（RULE30） 4.10（RULE31）

MDMの
組織作り

本章では、現実的な視点からMDM組織作りの進め方と重要な要点を解説します。これは仕組みのフレームワークでいうところの「ガバナンス層」と「マネジメント層」に相当します。

最初にMDM組織の設置について、必然性を創出するタイミングを押さえ、予算確保のための経営者との合意形成の重要性を見ていきます。

次にミッション・ビジョン・バリュー・行動指針を用いたMDMの組織作りを押さえ、現実的な体制と役割を探ります。また、役割を探る中で、データオーナーの決め方についても詳細に確認します。

最後にMDMの活動方針に基づくガバナンスルールと守らせ方について押さえます。

32 組織作りの現実を理解する

▒ MDM組織作りの検討の現実

　MDMの組織作りは、MDMシステム開発プロジェクトの中で行われることがほとんどです。昨今のDX推進チームの立ち上げにより、データ活用基盤構築の一環としてデータマネジメント全体に関する取り決めを検討するケースは増えてきました。しかし、MDMに関しては、DX推進チームの中で検討するには手に余るようです。

　このような背景もあり、MDMの組織作りは明確な目的があり、必要に迫られるようなシステム開発プロジェクトの中で検討されています。しかし、システム開発プロジェクトは時間的制約があることから、様々な問題を引き起こしています。主な問題点は次の通りです。

　　1．現状との変化に対して現場からの理解が得られない
　　2．経営者に理解してもらうための根拠が作れない
　　3．経営者が予算を確保できない
　　4．適切な人材を採用できない

　不十分な検討の結果、経営者からの承認は、最低限必要なマスターデータを画面に入力するオペレーター層の組織作りに限定される傾向があります。

▒ MDM組織作りの検討タイミングの難しさを知る

　理想はシステム開発プロジェクトが立ち上がる前までにデータ連携方式と概念データモデルを確認しながら、組織作りの原案を策定することです。しかし、現実には要件定義を経験しないと、リリース後にやるべきことが見えてきません。見えたとしても、マスターデータを画面に入力するオペレーションぐらいです。もちろん、この他にもデータモデル管理、メタデータ管理、データ品質管理、データセキュリティ管理などやるべきことは多くあります

が、それらを知るのは要件定義の段階です。つまり、システム開発プロジェクトが始まる前に検討することが理想であるのに、要件定義を経験しないと組織作りの詳細な検討が難しいという矛盾が生じます。

▒ 必然性を創出するタイミングを見極める

矛盾を解決するためには、必然性を創出し、そのタイミングで経営者からの合意を得るための原案作りが必要です。詳細な検討は要件定義後に行いますが、方針レベルであれば早い段階で検討が可能です。たとえ教科書的な原案だったとしても、予算検討の土台に乗せることが重要です。

ここからはMDMを必要とするタイミングについて、DX戦略、組織戦略、M＆A戦略の視点で見ていきます。

DX戦略はアドホックなデータ活用基盤を構築してから2〜3年後に求められます。データ活用が進み、領域横断のデータ活用が高まる時期です。このタイミングでMDMが求められます。

組織戦略は、営業戦略なら顧客、人材開発戦略なら社員というように統合対象のマスターデータが明確にあるため、組織戦略の企画構想段階からMDMの必要性が高まっています。おそらく、直接的なMDMの実現という言葉は使わず、CRM（顧客関係管理）、CDP（顧客データ基盤）、CDM（顧客データ管理）、TM（人材管理）、HRM（人的資源管理）といったビジネス施策の文脈でマスターデータの統合が必要である、と述べていると思います。

M＆A戦略はシステム再構築プロジェクトの中で統合マスターが求められることから、MDMの必要性はシステムの企画構想時にあります。IT部門の意向としては、類似マスターデータを減らし、登録・修正・削除といったオペレーションのスリム化があるはずです。データ整合性を確保するための処理やムダなデータ連携を減らし、システム保守の効率化が図れると考えています。また、業務改善にも寄与するようにマスターデータの登録・修正・削除が楽になること、値を正確に入力することで、現場での困りごと（例えば、倉庫に商品が入らないなど）が改善することを考えています。このような要件を取りまとめて、MDMの必要性を作っていきます。

いずれの戦略にも企画フェーズがあります。このタイミングで組織作りの原案を策定し、経営者と予算面で合意しておく必要があります。

ミッション・ビジョン・バリューで整理する

▦ MDM組織のミッション

MDM組織はデータマネジメント組織と同じく「サービスの提供」という目線が大事です。DX時代に突入した現在、全ての企業がサービスプロバイダーとしてビジネスの形態を変革する必要性がより明確になっています。これは顧客との接点をもつインサイドセールスだけでなく、全ての組織が共通の価値観をもって活動することを意味しています。

MDM組織が提供するサービスは、統制されたマスターデータを利用者が悩むことなく、自分自身でタイムリーに取得できることです。

2.5（RULE12）で述べましたが、統制されたマスターデータの要件は、安心、安全、安定が担保されていることです。現実世界と各個人が現実世界を認知するまでにはタイムラグがあり、個人差があります（3.3（RULE15）、3.5（RULE17））。ビジネスにおいてこの認識の差はコミュニケーションロスを生み、生産性を下げる要因となります。このような問題を解決するためにデータを一元的に管理し、全社員に同じ内容のデータをタイムリーに提供する必要があります（2.3（RULE10））。

よって、MDM組織のミッションは、MDM組織が提供するサービスそのものです。つまり、「統制されたマスターデータを利用者が悩まず自分自身でタイムリーに取得できること」です。これがMDM組織が他の組織に果たすべき役割です。

▦ MDM組織のビジョン

図5.2.2は2.4（RULE11）で解説したMDMの仕組みのフレームワークです。2.2（RULE09）で解説したように、MDMの定義は「企業が保有するマスターデータを一元管理する仕組み」です。

MDM組織では、この仕組みのフレームワークに示しているような活動が実現されている状態を目指します。

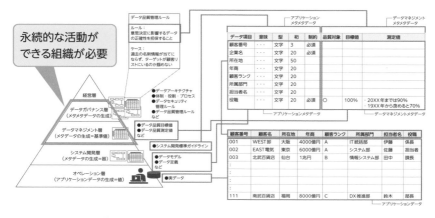

● 図5.2.1　MDMの仕組みのフレームワーク

　2.4（RULE11）で述べた通り、ほとんどの企業ではオペレーション層の活動に対する組織作りのみを検討し、エンティティ・タイプやデータ項目の追加はシステム開発層にてIT部門が実施します。このことから、マスターデータが一元管理されたとしてもデータ品質に問題がないか、第三者の視点でチェックする機能はありません。システム開発においても、そのとき対応したシステムエンジニアの裁量によってエンティティ・タイプやデータ項目が追加されるため、データ構造が複雑になります。

　近年はデータ活用を推進する企業が増えたことで、マスターデータの重要性が理解されつつあります。経営層でもマスターデータの品質がデータ駆動型経営へシフトする鍵だと感じているようです。このような背景から、マスターデータにガバナンスを効かせる機運が高まっています。

　よって、MDM組織のビジョンは、「マスターデータにガバナンスを効かせ、統制されたマスターデータが提供し続けること」と言えます。

░ MDM組織のバリュー

　データが資産であることは、マスターデータのみならず全てのデータに対して言えることです。資産である理由は、簡単に言えば信頼できるデータを活用して重要な意思決定を行いたいからです。このような背景からデータを生み出した人は、他者に利用してもらうことを前提に品質を担保し続ける必

要があります。ここでも利他の精神、すなわち、サービスの姿勢が求められます。データという資産に責任をもつことから、データを生み出した人のことをデータオーナーと言います。

筆者は多くの企業のデータマネジメント基本方針を読み込んできました。データマネジメントが進んでいる企業が共通して掲げている言葉があります。それは、「データは資産であり、全社員がデータに責任をもつ」です。後半の「全社員が〜」の文章には企業の特色が出ます。「他者に役に立つデータを提供する」「他者に利用されるものである」「義務がある」「罰則がある」など、その内容は様々です。

筆者のお薦めはポジティブな「他者に役立つデータを提供する」です。サービスの姿勢と合致しているため、今の時代に合っていると思います。いずれにおいても、データは資産であり品質を担保することが共通の価値観になるため、MDM組織のバリューはこの価値観を掲げることになります。

⠿ MDM組織の行動指針

行動指針はミッション・ビジョン・バリュー（MVV）から考え、MDM組織内外のメンバーと意見交換しながら共通の言葉を作っていきます。最終的には全社員へ浸透させるために、データマネジメント基本方針に載せて教育します。

図5.2.2は一般的なMDM組織の行動指針の一例です。ここに利用者に対するサービスの視点を追加していくと、ミッションで掲げた内容に近づいてくると思います。筆者がサービスの視点を拡充した行動指針の一例を図5.2.3に示します。

行動指針	一言で言うなら
マスターデータの品質と整合性を確保するためのルールや手順を明確にする	安心と安定の確保
利用者が必要なマスターデータを迅速に取得できるような環境を整備する	サービス向上
マスターデータの管理と利用に関する教育やトレーニングを定期的に実施する	ガバナンスの導入
マスターデータの利用状況を定期的にモニタリングし、改善策を適宜講じる	サービス向上
マスターデータのセキュリティを確保し、情報漏洩のリスクを最小限に抑える	安全の確保

● 図5.2.2　MDM組織の行動指針の一例

行動指針	一言で言うなら
マスターデータの利用に関する問題を迅速に解決する	コンサルティング
マスターデータの利用者に対して、取得方法や利用方法を明確に伝える	教育
マスターデータの価値を最大化するための新たな取り組みを常に考える	サービス企画
マスターデータの利用者からの意見を積極的に取り入れ、サービスの改善に努める	サービス改善
マスターデータの利用者のニーズに応じた柔軟な対応を心掛ける	姿勢

● 図5.2.3　MDM組織の行動指針の一例（サービス視点の拡充）

　実務では、「ミッション」「ビジョン」「バリュー」「行動指針」という言葉を用いて方針を定めることは稀かもしれません。しかし、これらの概念は組織の活動方針を決定する際の思考フレームワークとして有用です。本書で紹介するMDMのミッション、ビジョン、バリュー、行動指針は、どの企業にも共通する普遍的な内容です。読者の皆様がご自身の組織にこれらの概念を適用する際には、自社の状況に合わせてアレンジしてください。

Point!　組織作りに困ったら基点に立ち返る

- 組織作りの基点は行動指針である
- 行動指針はミッション・ビジョン・バリュー（MVV）から決める
- MVVはMDMの定義から導く
  →2.2（RULE09）、2.3（RULE10）、2.4（RULE11）

MDM組織作りの進め方の概観を理解する

⠿ MDM組織を作る際の進め方の概観

　MDMの組織作りは、基本方針策定とガイドライン策定の2つに大別できます（図5.3.1）。**基本方針は「何を目指すか」を示し、ガイドラインは「それをどう達成するか」を示す**という違いがあります。

フェーズ	概説
MDM基本方針策定	以下の内容を決める。 ・ミッション（背景、目的、役割、目指すゴールなど） ・ビジョン（目指す姿） ・バリュー（価値観の共有、メッセージなど） ・行動指針（活動方針、活動ルール、行動原則など） ・採用するデータ連携方式 ・統制対象のデータ ・ガバナンス施策 ・体制、役割、プロセス
MDMガイドライン策定	以下のガイドラインを策定する。 ・データ開発標準ガイドライン ・データ品質管理ガイドライン ・データセキュリティ管理ガイドライン ・データモデル管理ガイドライン ・メタデータ管理ガイドライン ・データガバナンスガイドライン

● 図5.3.1　MDM組織作りの概観

　図5.3.1を見て気付かれる方がいるかもしれませんが、MDMの組織作りでは、データマネジメントの組織作りと同じことを実施します。範囲がマスターデータに限定されることから、ガイドラインの種類は絞られています。

⠿ MDM基本方針

　MDM基本方針とは、MDM組織が目指す方向性や基本的な考え方を示すものです。いずれもステークホルダー全員が共有・理解できるようにすることが重要です。

　ミッションには、組織を立ち上げる背景や目的、企業内におけるMDM組

織が果たす役割、目標（短期・中期・長期）を示します。ロードマップのような具体的なスケジュールを入れる必要はありません。方針なので到達点の大枠がわかれば十分です。基本方針は普遍性が求められるため、変動しやすい要素は含めないことが多いです。よって、本書でもロードマップは含めないものとします。

ビジョンには、文章と図を用いてMDM組織の位置付け、範囲を目指す姿として示します。図は仕組みのフレームワークを参考にするとよいです。

バリューには、MDMの意義や考え方を示します。ステークホルダー全員に共通の価値観を作ることが目的です。

行動指針には、活動方針や活動ルール、行動原則を示します。活動方針はガバナンス施策、体制、役割、プロセスの基点となる中心的な存在です。

採用するデータ連携方式には、名寄せ型、HUB型、集中管理型のいずれかを示します。

統制対象のデータには、主要なマスターデータを示します。サブジェクトエリアモデルで表現するエンティティ・タイプの粒度感で表現します。データモデルで表現する場合はエンティティ・タイプとリレーションシップのみで描く概念鳥瞰データモデル図にします。

ガバナンス施策には、活動方針に基づくガバナンスルールを示します。基本的には、データ開発標準、データ品質管理、データセキュリティ管理、データモデル管理、メタデータ管理を実施する上での拠り所となる指標や基準値を作り、定期的に見直すことをルールとして定めます。

体制、役割、プロセスには、活動方針に基づく実際の組織運営を示します。仕組みのフレームワークでいうところのガバナンス層とマネジメント層の体制、役割、プロセスに相当します。

◆ MDMガイドライン策定

MDMガイドライン策定とは、MDM基本方針に基づいて具体的な実施事項、プロセス、ルール、成果物フォーマットを示すものです。日々の業務で参照されることが多いものになります。

データ開発標準ガイドラインには、MDMシステム開発における工程標準を示します。M&A戦略に基づくIT部門主体のMDMシステム開発であれば、業務システム開発の工程標準に足りない工程を加えます。DX戦略や組織戦

略のように事業部主体のMDMシステム開発では企画・要件定義フェーズでのIT部門の関わりが薄いことから、この部分について新たに工程標準を用意します。いずれの戦略においても4.5（RULE26）の図4.5.3で示したタスクが必要になるため、この図を参考に既存の工程標準のカスタマイズもしくは新たにガイドラインに書き起こす必要があります。

　データ品質管理ガイドラインには、マスターデータの品質を維持するためのプロセスとルールを示します。プロセスとはデータ品質を維持する対象のマスターデータを決めて、定期的に測定し、目標値との差を解消するための改善をすることです。ルールとは「対象マスターデータを決めること」「品質評価指標の選択と目標値を定めること」「測定し、改善すること」です。指標の選択と目標値を決めるにあたっては、やりながらブラッシュアップしていきます。最初は、現実的に管理できる最低限の指標の選択と目標値にします。

　データセキュリティ管理ガイドラインには、マスターデータに対するセキュリティレベル、マスキング、アクセス権限の設定方法とプロセスを示します。なお、プロセスには不正アクセスに対する監視・対応も含まれます。

　データモデル管理ガイドラインには、データモデルの種類、データモデリングの進め方、データモデル図を作成するための文法を示します。データモデル管理ガイドラインはIT部門が業務システム開発向けに所持していることが一般的です。マスターデータ整備特有の作法は第3章で概略的に示しています。これを参考に自社のデータモデル管理ガイドラインをカスタマイズするとよいです。

　メタデータ管理ガイドラインには、マスターデータを管理する上で必要となるメタメタデータの管理方法、エンティティ・タイプ、データ項目、コード値といった各種メタデータに対する値を管理するための記述ルールを示します。メタデータ管理はRULE11 図2.4.13で示した通り、仕組みのフレームワークの各層で生成されるデータのうち、メタメタデータとメタデータが該当します。

　データガバナンスガイドラインは、MDMの活動全体を統治することを目的にモニタリングと評価、そして評価を受けて新たな方針を打ち出し、ステークホルダーに広げる活動プロセスを示します。また、各管理機能に必要な指標と基準値の作成・更新ルールとプロセスについても示します。

Point! MDM組織作りで必要なRULE

各フェーズで必要となるRULEを図5.3.2に示します。

フェーズ	フェーズの概説	参考RULE
MDM基本方針策定	ミッション	5.2（RULE33）のMDM組織のミッション
	ビジョン	5.2（RULE33）のMDM組織のビジョン
	バリュー	5.2（RULE33）のMDM組織のバリュー
	行動指針	5.2（RULE33）のMDM組織の行動指針
	採用するデータ連携方式	4.3（RULE24）
	統制対象のデータ	5.5（RULE36）のデータオーナーの確定に対する合意形成プロセス
	ガバナンス施策	5.6（RULE37）
	体制、役割、プロセス	5.4（RULE35）、5.5（RULE36）
MDMガイドライン策定	データ開発標準ガイドライン	4.5（RULE26）の図4.5.3
	データ品質管理ガイドライン	5.6（RULE37）
	データセキュリティ管理ガイドライン	5.6（RULE37）
	データモデル管理ガイドライン	3.1（RULE13）〜3.9（RULE21）
	メタデータ管理ガイドライン	2.4（RULE11）の図2.4.13
	データガバナンスガイドライン	5.6（RULE37）

● 図5.3.2 組織作りに必要なRULE

35 MDM組織の体制・役割の現実解を知る

▟ MDM組織の体制は三大方針を基点に考える

　行動指針を策定するとわかりますが、MDM組織の活動方針は大きく次の3つに集約されることに気付かれると思います。それは、「データ構造の統制」「メタデータの統制」「値の統制」です。この三大方針に集約される理由は、「値と現実世界の乖離を防ぎたい」からです。組織作りでは、この三大方針が達成されるように体制を考えます。

▟ 経験上から見えてきたMDM組織の3タイプ

　三大方針を前提に組織の体制を考えると、データ構造とメタデータを統制するデータアーキテクト、値を統制するデータスチュワード、データ構造とメタデータと値に責任をもつデータオーナーの役割が自ずと見えてきます。
　経験上、この役割を機能させつつ、予算とリソース配分を考慮した現実的なMDM組織の体制には、3タイプあることがわかりました（図5.4.1）。

オススメ度	組織タイプ	特徴	所属組織
1	スチュワード主導型	・委員会方式の体制 ・スチュワードは業務要件を取りまとめ、領域横断の検討テーマを考え、会議招集する	・リーダーはIT部門と兼務でMDM部門に所属 ・スチュワードは業務部門と兼務でMDM部門に所属 ・アーキテクトはIT部門と兼務でMDM部門に所属
2	アーキテクト主導型	・IT部門主導の体制 ・スチュワードは業務要件を取りまとめ、アーキテクトに共有する ・アーキテクトは領域横断の検討テーマを考え、会議招集する	・リーダーはIT部門と兼務でMDM部門に所属 ・スチュワードは業務部門に所属 ・アーキテクトはIT部門と兼務でMDM部門に所属
3	オーナー主導型	・業務部門主導の体制 ・オーナーが業務要件を取りまとめ、領域横断の検討テーマを考え、会議招集する	・リーダーはIT部門と兼務でMDM部門に所属 ・スチュワードは業務部門に所属 ・アーキテクトは業務部門に所属

● 図5.4.1　組織体制の3タイプ

お薦めはスチュワード型です。スチュワード型は業務部門とIT部門の双方に負担が少なく、且つそれぞれの能力を活かせるからです。

次に、3タイプについてメリットやデメリットを踏まえて具体的に解説します。

◆ スチュワード主導型

スチュワード主導型は、MDM部門をIT部門や事業部と独立した中立的な立場として新たに立ち上げる場合に用いられます（図5.4.2）。予算が潤沢にあり、マスターデータの重要性が経営者に深く理解されている場合に採用されます。経営者の理解があるということは、経営戦略の主要施策にデータ駆動型経営の文脈で統合マスターデータの必要性が謳われています。

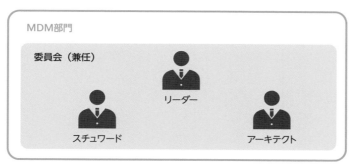

● 図5.4.2　スチュワード主導型の組織体制

◆ アーキテクト主導型

アーキテクト主導型は、MDM部門をIT部門の一機能とするか、IT部門主導で独立した組織を立ち上げる場合に採用されます（図5.4.3）。本来は業務部門とIT部門の双方で人的リソースを確保して予算を組む必要がありますが、IT業務部門側に人的リソースも予算もなく、業務部門側のローテーショ

ンが速く、業務部門側のスキルの定着化が見込めない場合に選択します。この場合、IT部門側がシステム保守・運用の一環として実施します。このことから、IT部門の予算削減とともにMDM部門が消滅する可能性があります。また、人的リソース不足の問題もあり、IT部門の担当者が兼務する場合、タスク自体がおざなりになるリスクもあります。

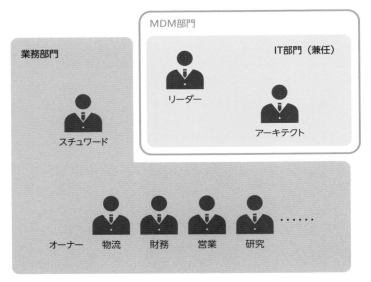

● 図5.4.3　アーキテクト主導型の組織体制

◆ オーナー主導型

　オーナー主導型は、業務部門の一機能として組織を立ち上げる場合に採用されます（図5.4.4）。ケースとしては少ないですが、**単一事業を営んでいて、且つ複数業務によるマスターデータの更新がない企業はこのタイプになります。**

　統合マスターがあるというよりは、業務ごとにもっているマスターをMDMシステムに寄せて、各業務部門が管理します。ガバナンスを効かせて同じルールでマネジメントする必要があるため、MDM部門を独立させる以外は、全て業務部門側で賄います。

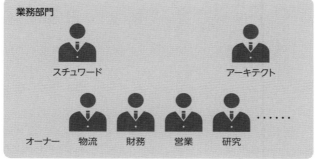

● 図5.4.4　オーナー主導型の組織体制

▦ データモデル、データ定義の作成について

　本来はシステム開発層（＝システム開発プロジェクト）の中で、データモデルとデータ定義は作成されるものです。データマネジメント層はシステム開発層で作成したデータモデルとデータ定義をレビューする役割を担っています。しかし、現実には業務部門だけでなくIT部門も、データモデルとデータ定義を作成できる人材が不足している状況です。そのため、データモデルとデータ定義の作成は、データマネジメント層が担います。

　MDMの初期段階において、この体制には利点が多くあります。**1つは内製化が実現できることです。**そもそも自社にデータモデルやデータ定義ができるプロフェッショナルな人材が育っていないため、経験を積ませる機会が必要です。データモデルとデータ定義の作成を一箇所に集中してできる体制は、人材育成を考えると望ましい姿と言えます。スキルをもつ人材を社内に一人でも育てることができれば技術継承が可能となり、将来的には本来の体制になることが見込めます。**もう1つはスピード感です。**複数人に対して教育をしながら進める場合、どうしても習得に差が生じます。この差によって、システム開発プロジェクト全体の進捗が遅延することがよくあります。この

点から考えても社内で人材が育つまでは、この体制がベストであると考えます。

自社にデータガバナンス機能が既にある場合

　近年、自社に永続的なデータマネジメント組織を設置している企業が増えてきました。データマネジメント組織があるケースでは、中央にデータガバナンス機能が存在します。よって、MDM組織は通常の営業、人事、商品開発といった業務領域と並列にMDM領域を作り、マスターデータマネジメントを実施します。MDM基本方針やガイドラインは、全てデータガバナンス側に集約します。

　一方、自社にデータガバナンス機能が存在しないケースでは、MDM組織の中でデータガバナンスを担うチームとデータマネジメントを担うチームを分ける形で体制を組みます。CDO（Chief Data Officer）やCDA（Chief Data Architect）の代わりにMDMリーダーを選任し、MDMリーダーはCDOやCDAと似たような役割を担います（図5.4.5）。

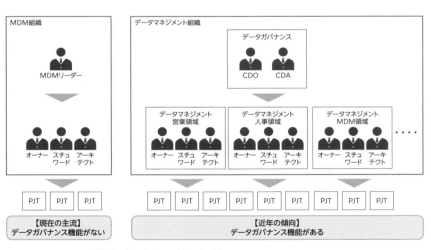

● 図5.4.5　MDM組織（現在の主流と近年の傾向）

MDM組織における役割と責務

MDMの各役割における主要な責務は、図5.4.6の通りです。CDOやCDA、MDMリーダーの責務が大きいため、メタデータモデルやガバナンスルールの作成、メタデータモデルの検討にあたっては、データアーキテクトにも協力してもらいながら進めてください。

役割	主な責務
CDOやCDA、または MDMリーダー	・MDM全体の最終責任を担う ・MDMの新たな方針を策定し、マネジメント層に浸透させる ・マネジメント層の活動をモニタリング・評価し、ガバナンス問題を改善する ・データ連携方式、ガバナンスルールを決める ・メタデータモデルを作成する ・ガバナンスルールからメタメタデータを特定し、メタデータモデルに反映する
データオーナー	・マスターデータの所有者として資産としての責任を担う ・マスターデータに対するデータ品質とデータセキュリティの最終決定を担う 　（=データマネジメントメタデータの最終決定を担う） ・データモデルとデータ定義の最終決定を担う（=アプリケーションメタデータの最終決定を担う） ・業務要件を定義し、データスチュワードやデータアーキテクトの支援を受けながらマスターデータ要件を洗い出す
データスチュワード	・業務要件からマスターデータの要件を洗い出す ・インタビューを通じてマスターデータ要件を引き出す ・ステークホルダーを招集し、データ要件の取りまとめや意見の調整を行う ・データマネジメントメタデータを決める ・システム開発層で作成したデータ定義をレビューする ・データ定義（=アプリケーションメタデータ）を作成する（内製化が進んだらシステム開発層で作成する）
データアーキテクト	・業務要件からマスターデータの要件をデータ構造面から洗い出す ・インタビューを通じてマスターデータ要件をデータ構造面から引き出す ・ステークホルダーに統合前と統合後のデータ構造案を提示する ・データ品質の測定、データセキュリティ違反をチェックする ・プロジェクトで作成したデータモデルをレビューする ・データモデルを作成する（内製化が進んだらシステム開発層で作成する）

● 図5.4.6　MDMの各役割と主な責務

データオーナーの決め方を理解する

▓ リソース整備系業務とは

データオーナーの決め方は、データの発生源となる業務から紐解きます。マスターデータが生成される業務はリソース整備系業務です。リソース整備系業務には、システム化されている人事採用、商品開発、店舗開発などプロセスが伴う業務や、システム化されていない社内設備や社内機器など、台帳管理を目的とした業務があります。前者はリソース整備系業務の最終結果（承認済）がMDMシステムにデータ連携されて反映されます。後者は直接MDMシステムに登録します。

リソース整備系業務について、ここでは小売業の商品開発を例に簡易的なプロセスとデータモデルを用いて解説します。図5.5.1は商品開発部が新商品を企画してから商品化するまでの一連の流れです。この中でポイントになるのが「商品仕様確認」です。

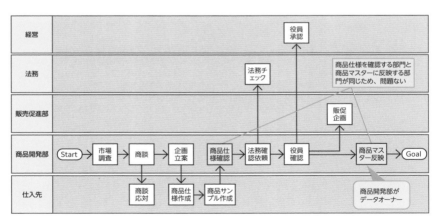

● 図5.5.1　新商品開発の業務フロー（リソース整備系業務がデータオーナー）

商品仕様は、商品マスターの源流です。この関係を表現しているのが図5.5.2の鳥瞰データモデル図です。商品仕様の粒度で新商品が作られています。

商品マスター側から見ると、新商品は商品異動の部分集合です。ここでいう商品異動は予定データです。図5.5.2には表現していませんが、商品異動の部分集合には、新商品以外に既存商品の仕様変更や販売終了もあります。

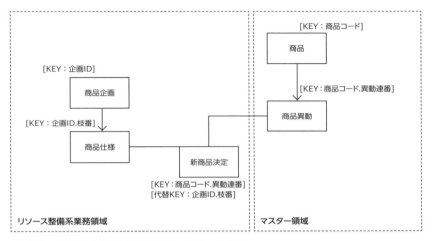

● 図5.5.2　リソース整備系業務と商品マスターの関係

データオーナーの決め方

　マスターデータのデータオーナーは、マスターデータを生成する部門が担います。図5.5.1の例では商品開発部が商品マスターに商品仕様のデータを反映するため、商品開発部がデータオーナーとなります。商品仕様を確認する部門とマスターデータを登録する部門が同じため、値の正確性を確保することが比較的容易です。

◆ 分業化に伴うリスク

　他には図5.5.3のように商品開発部が商品仕様を確認し、商品管理部が商品マスターに反映するケースもあります。このケースは、新商品はリソース整備系業務とデータ連携しますが、修正や削除は直接マスターに登録します。新商品と既存商品の分業化による業務効率化を図る場合に用いられます。このケースでは商品管理部がデータオーナーとなりますが、商品仕様を熟知しているわけではないため、値の妥当性に気付けないリスクはあります。

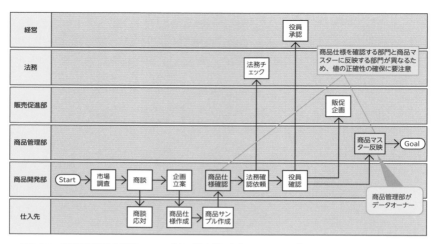

● 図5.5.3　新商品開発の業務フロー（商品管理部がデータオーナー）

◆ **理想的な運用**

　理想は、図5.5.4のように**商品仕様を作成している仕入先をデータオーナー
に見立てて運用する案**です。仕入先としては自分たちが売ってほしい商品の
仕様を間違えるわけにはいかないため、値の正確性が確保されています。こ
の点を利用し、仕入先にはデータオーナーに近い役割を担ってもらいます。

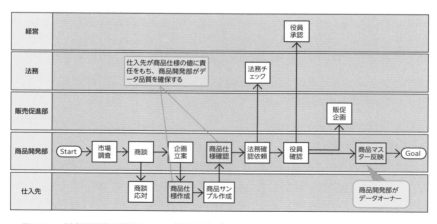

● 図5.5.4　新商品開発の業務フロー（仕入先をデータオーナーに見立てる）

　もちろん厳密には、仕入先は外部組織なのでデータオーナーにはなれませ

ん。仕入先を取りまとめている商品開発部がデータ品質を確保します。仕入先と商品開発部が一体となって活動すると考えます。商品開発部は仕入先を教育し、値の入れ方のルールを決めて、チェックする必要があります。

◆ 複数のデータオーナーが関わるケース

図5.5.1は、商品開発部で店頭販売の商品仕様が完結していました。ここでは自社でEC商品を扱うことになり、商品開発部とは別にEC商品開発部を設置した場合のデータオーナーについて解説します。

この場合、商品開発部とEC商品開発部の売上高や取扱量によって、業務プロセスの先行・後続関係を決めます。データオーナーはサブタイプで分けます。共通部分は売上高や取扱量が多い部門（例では商品開発部）をデータオーナーとし、徐々に共通の管理部門を設けるか検討します（図5.5.5）。

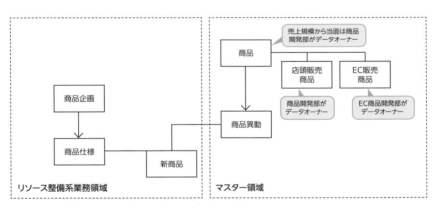

● 図5.5.5　統合マスターにおけるデータオーナーの例

▦ データオーナーの確定に対する合意形成プロセス

データオーナーの確定に対する合意形成プロセスは、「ステークホルダーを招集し、エンティティ・タイプの定義と概念鳥瞰データモデルをコミュニケーションツールにしながら共通認識を作る」です。

経済的な理由から主要なエンティティ・タイプに対する合意形成を図り、細部については必要に応じて確認します。主要なエンティティ・タイプは、サブジェクトエリアモデルで表現するエンティティ・タイプにします。

サブジェクトエリアは「市場×事業×業務機能」の単位です。例えば、中国市場のEC事業の販売業務と日本市場のEC事業の販売業務は別のサブジェクトエリアになります。

　サブジェクトエリアに表現するエンティティ・タイプは、マスターデータに関してはある程度決まっています。社内組織は「グループ企業、企業、組織、社員、店舗、工場、倉庫、自社物流センター」、社外組織は「顧客、取引先、社外物流センター、必要に応じて受注先、出荷先、請求先、発注先、入荷先、支払先を表現」、モノは「商品分類、商品、製品、部品、材料、サービス、備品、必要に応じて商品分類、商品構成、仕入先別商品、店舗別商品を表現」、その他は「勘定科目、カレンダー」です。

　図5.5.6は小売業のマスターデータの概念鳥瞰データモデル図の一例です。色で分けてデータオーナーを視覚的に判断できるようにしています。

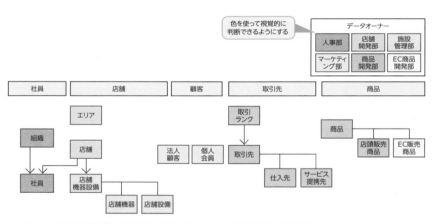

● 図5.5.6　概念鳥瞰データモデルでデータオーナーを視覚的に見える化

⠿ 共用性の高いマスターデータのオーナー

　全社で利用するマスターデータや統合マスターは特定の業務部門がデータオーナーになることができないため、管理部門を設置してデータオーナーを担ってもらう必要があります。

　全社で利用するマスターデータの代表例は、都道府県、市区町村、郵便番号、金融機関、外部機関のデータ（TDB、TSR、D-U-N-Sなど）です。こ

れらは領域横断で業務を見ているIT部門やDX推進部門、データマネジメント部門やMDM部門がデータオーナーになります。

◆ 統合マスターデータの場合

統合マスターについては、一般的には共通部分のデータ項目はMDM部門、業務固有のデータ項目は業務部門がデータオーナーになりますが、現実解はメタデータ（器）とアプリケーションデータ（値）を分けてデータオーナーを決める必要があります。

メタデータについては、共通部分のデータ項目はデータスチュワードが各業務部門のデータオーナーを調整してデータを定義します。データオーナーは領域横断で業務を見ているIT部門やDX推進部門、データマネジメント部門やMDM部門が担います。業務固有のデータ項目については、サブタイプを切り出すため、サブタイプごとに業務部門のデータオーナーを割り当てることができます。

アプリケーションデータについては、共通部分のデータ項目はエンティティ・オカレンス（＝レコード）やデータ項目単位にデータオーナーを決めます。データモデル図上では見分けられませんが、エンティティ・オカレンス単位であれば、サブタイプを識別するデータ項目の値を見て判断することができます。業務固有のデータ項目については、メタデータで決めたデータオーナーが割り当てられます。

▦ 代理オーナーという選択肢

本節の最後に、代理オーナーについても簡単に触れておきます。

代理オーナーは実務でよく出てくる言葉です。これは上述の統合マスターのケースに対して使う場合もありますが、一番多いケースとしては、名寄せ型の統合マスターを構築したときです。名寄せ型の統合マスターはデータ活用基盤上で実現することが多いため、データオーナーが曖昧になりやすいです。なぜならば、データ活用基盤を運用するデータマネジメント部門がデータオーナーとなりますが、データ品質の確保や業務に基づいたデータ定義は行えないためです。このようなデータオーナーを代理オーナーと呼んだりします。

37 守らせたい3つのルールを 理解する

⊞ 統制されたマスターデータとは

5.3（RULE34）で述べたように、ガバナンス施策は、活動方針に基づく
ガバナンスルールのことです。本節では、MDMの実現で特に重要な守らせ
たいルールとして「統制されたマスターデータ」「データ品質」「データセキ
ュリティ」の3つについて順番に解説します。

「統制されたマスターデータ」を使わせるために、属人的なコードを作らせ
ない施策を作ります（図5.6.1）。チェックのタイミングはシステム開発・保
守の要件定義のレビューです。要件定義が完了したら、守るべきものとして
データガバナンス層が管理しているドキュメント一式を更新します（図5.6.2）。

データガバナンス施策	
実現したいこと	属人的なコードは作らない
期待される効果	データ活用のためのコード変換コスト0円

実施内容	
守るべきこと	統制されたマスターデータのコードを使用する 属人的なコードは作らない （例）顧客の識別は全社で取り決めた顧客コードを使用する
守るべきもの	データ定義書（エンティティ・タイプの説明、発番範囲、発番粒度） データ定義書（コード項目の説明、コード体系） データ定義書（コード一覧の値）
チェックすること	システム開発・保守時に統制されたマスターデータのコード以外のコードを作っていないかチェックする

● 図5.6.1　統制されたマスターデータのガバナンス施策

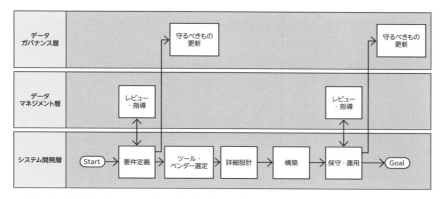

● 図5.6.2　統制されたマスターデータのガバナンスプロセス

▦ データ品質とは

　データ品質を守らせるためには、データ品質対象データ、評価指標、目標
値を決め、定期的に測定するプロセスがあった上でデータスチュワードがデー
タオーナーに指導します。

　データ品質対象データは、CDE（Critical Data Element：業務上の意思
決定に重要なインパクトを与えるデータ項目）を用いて決めます（図5.6.3）。
最初からデータ項目単位で品質対象を決めることはせず、エンティティ・タ
イプであたりを付けた上で、データ項目単位での品質対象を決めます。いき
なりデータ項目全てを対象にすると、その判断だけでも時間を要してしまい
非効率です。

　具体的には縦軸をエンティティ・タイプ、横軸を各事業部の業務機能にし
たマトリクス表を作成し、複数業務領域で利用され、且つ優先度が高いエン
ティティ・タイプを対象として確認します。

ランク	内容	評点
A	・経営リスクが大きい ・業務効率を大きく妨げる	6
B	・業務効率を妨げる一要因	4
C	・参考に利用されるので、品質エラーは迷惑となる	2
D	・影響なし	0

テーブル	データ	活用データ				評点	優先度
		引合情報	購入情報	納品情報	入金情報		
取引先	取引先CD	A	A	A	A	24	**1**
	取引先名称	A	A	A	A	24	**1**
	与信	A	C	D	D	8	3
	法人個人区分	C	C	D	D	4	-
	住所	C	C	A	D	10	3
	連絡先	A	A	B	B	20	2
	口座	D	C	C	A	10	3

● 図5.6.3　Critical Data Elementの例

◆ **評価指標**

　次に評価指標を決めます。一般的な評価指標は図5.6.4の通りです。全ての評価指標を選択する必要はなく、MDMのMVV＋行動指針に立ち返って、品質として達成しないと業務側が一番困ることは何かという視点に立って選択します。

　一貫性と整合性はデータモデルを使って、きちんと正規化を行えば、ある程度はカバーできるため、優先度を落としても問題ありません。一意性、有効性、完全性も、ある程度はDBMSの機能で賄えるため、これも優先度を落としても問題ありません。適時性はシステム運用のサービスと合わせて検討されることが多いため、除外できます。残るは正確性です。実はこの正確性がMDMで考える重要なデータ品質の指標となります。

　正確性を確保するためには、事後に3rd Party Dataを用いることになります。しかし、そもそも未然に不正確性を防止できるのであれば、それに越したことはありません。そこで必要なプロセスが、データオーナーへの指導です。4.8（RULE29）の「図4.8.4　主要データ制約一覧」を参考に値の妥当性をチェックし、データオーナーを指導します。例えば、ドメイン制約を参考にするなら、社員年齢は60歳より小さい、基本給は0より大きい、といったルールを仮説で作り、測定します。

No	指標	定義	測定方法、測定に使う情報	測定対象
1	完全性 (Completeness)	必要なデータが全て存在するか	実データが空白（Nullまたは空の文字列）／空白でない値の数。	実データ
2	有効性 (Validity)	データに有効な値が登録されているか	データが定義内容（型桁、有効な値のセットや範囲、値の導出ロジック）に準拠している／していない割合。	実データ
3	正確性 (Accuracy)	データが現実世界を正しく表しているか	"正しい"と定義したデータ（3rd Party Dataなど）との値の一致／不一致の割合。 例：社内の顧客企業名と、TDBの企業名の比較	実データ
4	妥当性 (Reasonability)	前提に対して結果が適切か	ベンチマーク対象となる公的な集計結果や、過去の測定結果をもとに定義した期待するデータパターンに、実データが沿っているか。	実データ （サマリ）
5	一貫性 (Consistency)	データの登録内容に一貫性があるか	複数のデータ項目／レコード／データセット／データベース間で、値や定義が一致する割合。	実データ メタデータ
6	一意性／重複排除 (Uniqueness / Deduplication)	同じデータが複数登録されていないか	キー項目（決定条件）の構造が適切か。 キーの値が重複せず、それぞれが異なる対象を指しているか。	実データ メタデータ
7	整合性 (Integrity)	データセット間の関係性が適切か	データセット間のカーディナリティが定義に沿っているかの割合。 参照整合性が取れているかの割合。	実データ
8	適時性 (Timeliness)	データが利用可能になるまでの時間	現実に発生したイベントがデータベースに登録され、利用可能になるまでの所要時間と、本来どれだけの時間で利用可能になるべきなのかを定義した値との差。	実データ

● 図5.6.4　データ品質の一般的な評価指標

◆ **目標値**

　目標値についても述べておきます。100％の品質を保つことが目標ではありますが、実務ではデータ品質のアセスメントを実施し、妥当な目標値を決めます。そこから定期的にチェックすることで、精度を上げていきます。

◆ プロセス

データ品質の最後にプロセスを見ておきます（図5.6.5）。データアーキテクトは測定のためのルールを考え、測定します。データスチュワードは測定結果を受け、データオーナーへの指導計画を考えた上で指導にあたります。多くの場合は、データの入力のミスか外部組織（仕入先や顧客など）からもらったデータの不備です。よってチェックプロセスが機能していない場合の対策を考えます。オペレーション層のプロセスに問題がある場合はデータガバナンス層へエスカレーションして、見直すこともあります。

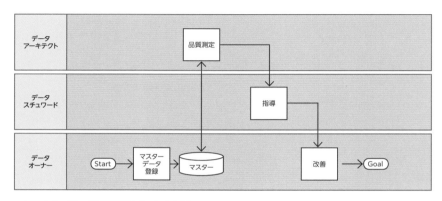

● 図5.6.5　データ品質管理プロセスの例

なお、ここではアプリケーションデータに対するデータ品質を解説しましたが、メタデータに対するデータ品質も同様の考え方で実施します。メタデータのデータ品質の目標値と測定結果はデータマネジメント活動の効果測定になります。よって、メタデータ品質管理は、データマネジメントの存在意義を問われる重要な数値であることを覚えておいてください。

▦ データセキュリティ

データセキュリティは、大きくデータのアクセス権限と格納ルールの2つに分けられます。

アクセス権限とは一般的なシステム開発と同じように、ロール（ユーザーグループ）ごとにCreate（作成）、Read（読み取り）、Update（更新）、

Delete（削除）の各操作に対するアクセス権限を設定していくことです。

　格納ルールとは、MDMシステムにマスターデータを格納するにあたって
リスク分類、格納判定条件、個人情報に該当するデータ項目、個人情報の取
り扱い、まるめ処理対象、まるめ処理方法を決めることです。

　リスク分類は、「個人情報の有無」、「社会的信用・業績への影響の有無」を
着眼点にして分類します（図5.6.6）。

リスク分類	概要	影響例	データ例
重大	経済価値が高く、不正利用の対象となるデータ	・社会的信用の低下 ・法令違反と罰金 ・高額補償	・個人情報
高	競争力の源泉になり、不正利用の対象となるデータ	・社会的信用の低下 ・競争力低下 ・契約違反と違約金	・戦略データ ・研究開発データ ・製造方法のデータ ・営業データ ・公開前の業績データ
中	漏洩したら企業イメージに打撃を与えるデータ	・社会的信用の低下	・全ての社内データ
低	漏洩しても影響が少ないデータ	・社会的信用の低下	・既に公開されている情報

● 図5.6.6　リスク分類の例

　個人情報の取り扱いは、業務システムのMDMとデータ活用基盤のMDM
で分けて考えます。

　M＆A戦略による業務システム再構築に伴うMDMシステムであればデー
タオーナーの限られた役割を担っている人にのみ公開します。例えば人事部
門の給与課には社員の個人情報の公開を許容するなどです。

　組織戦略やデータ活用戦略によるデータ活用基盤のMDMでは、通常は個
人を特定できる情報は社内外問わず、一切保有しないルールとなります。た
だし、会社が付与した社員コード、会社が貸与した携帯番号、会社が決定し
た所属と役職、会社が付与した顧客コード、会社が決めた顧客分類などは個
人情報としては扱いません。また、研究開発やマーケティングなどの業務で
必要になる情報は、個人が特定できないように「まるめ処理」を適用した上
で保有することができます。

　まるめ処理方法は、個人情報に該当するデータ項目に対して、まるめ処理
を実施するか否かを判断し、処理方法を決めます。図5.6.7はまるめ処理対象
を決める一例です。

分類	適用国	郵便の番号	国名	住所大	住所中	住所小	住所細
個人住所	日本	郵便番号	国	都道府県	市区町村	丁目以下	
	中国	郵便番号	国	省・直轄市・自治区	市区県町	街道・道	街道・道以下
	US/EU等	ZIP	Country	State	City	Address	
法人住所	日本	郵便番号	国	都道府県	市区町村	丁目以下	
	中国	郵便番号	国	省・直轄市・自治区	市区県町	街道・道	街道・道以下
	US/EU等	ZIP	Country	State	City	Address	

● 図5.6.7　まるめ処理対象の例

　最後にプロセスを見ておきます（図5.6.8）。**流れとしてはデータ品質と同じです。**違いはデータセキュリティ違反が悪質であった場合、社内規程に基づいて罰則される点です。

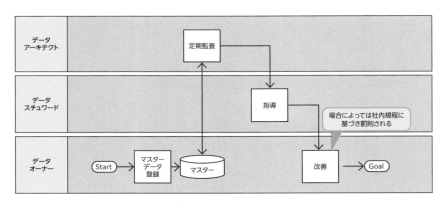

● 図5.6.8　データセキュリティ管理プロセスの例

::: メタデータ管理

　最後にメタデータ管理についても触れておきます。メタデータはデータガバナンスルールで決めた情報要求が全て集まる場所です。よって、メタデータの構造、定義、値の品質の高さがその企業におけるMDMの成熟度に直結します。文化が反映されていると思ってください（図5.6.9）。

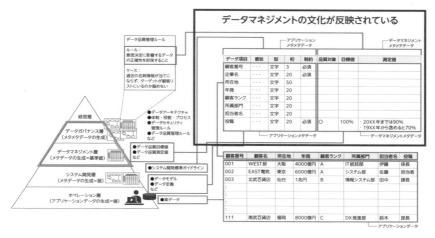

● 図5.6.9　データガバナンスルールが集まる場所

MDM組織を作るための予算取りは、必然性を創出するタイミングを見極められるかで決まることを理解している	✓	5.1（RULE32）
「MMV＋行動指針」のフレームワークが、MDM組織作りに有用であることを理解している	✓	5.2（RULE33）
MDM組織作りの進め方の概観を理解している	✓	5.3（RULE34）
MDM組織の3タイプとガバナンス機能の有無に伴うMDM組織体制・役割を理解している	✓	5.4（RULE35）
リソース整備系業務とマスターデータの関係性を深く理解し、データオーナーの決め方についても腑に落ちている	✓	5.5（RULE36）
MDMの実現において、守らせたい重要な3つのルールを理解し、守らせる方法が腑に落ちている	✓	5.6（RULE37）

MDMの
教育作り

本章では、インストラクショナルデザインの理論に基づき、MDMの教育作りの進め方と重要な要点を解説します。教育作りは、仕組みのフレームワークでいうところの「ガバナンス層」で考える内容に相当します。最初に企業内教育作りの理論を押さえ、MDMの教育作りに当てはめます。

次に認知的徒弟制のコーチングにおけるアドバイスとして、取引先・商品・組織のデータモデルパターンを確認します。

最後に概念データモデリングの素養やファシリテーターのトレーニング方法を見ていきます

38 教育作りを理解する

::: 教育とは

　教育とは、学習者が効果的且つ効率的に学習できるように支援する活動を指します。学術的な解説は**1.2（RULE02）**のコラム「教育システムとは」をご確認ください。

　教育を作るとは、すなわち学習環境を構築することです。学習環境の構築は、インストラクショナルデザイン（Instructional Design：ID）の理論を用いることで可能となります。本節では、IDの考えを取り入れたMDMの教育作りを解説します。また、MDM実現のコア技術であるデータモデリングについても、モデルパターンとしていくつか紹介します。メタ認知能力を育むことを目的に、抽象的な考え方ではなく実際によくあるケースでモデルパターンの使い方を解説します。読者の皆様はご自身の職場での業務に置き換えながら、読み進めてください。

::: MDMにおける教育作り

　MDMの教育作りは、以下の3つのゴールを定めるところからスタートします。

* 組織目標：経営戦略に基づくMDM組織が目指すゴール
* 行動目標：行動変容を起こすためのゴール
* 学習目標：知識（態度含む）を獲得するためのゴール

◆ 組織目標

　まずは、組織目標から見ていきます。経営戦略を「データ駆動型経営の実現」とし、MDM組織の目標を次のように定めたとします。

MDM組織はサービスとして、統制されたマスターデータを提供している。また、利用者は自分で効率よく探すことができ、正確なデータをタイムリーに取得している。そして、全社員がデータは資産であり品質を確保することが共通の価値観になっている。

◆ **行動目標**

次に、この組織目標の実現に求められる行動変容、つまり行動目標を定めます。行動指針の一つひとつを行動目標とし、必要に応じて、MDM組織の役割ごとに定めた責務も行動目標にします。行動目標の表現として行動指針を「○○できる」に変更します。

◆ **学習目標**

最後に、学習目標を作成します。用語や知識といった言語情報の獲得、知識を活用するスキルとして知的技能の獲得、事例研究や振り返り、知識の体系化といった認知的方略による学習、価値観や考え方といった態度学習を想像しながら作成します。

例えば、言語情報であれば「基本方針やガイドラインの概略を他者に説明することができる」、知的技能であれば「第三者の支援を仰ぎながら基本方針・ガイドラインの作成ができる」とします。ここでの注意点は、学習目標が実践学習やOJTが伴う行動目標に近いものになっていないか、ということです。行動目標のようになっていた場合は、行動目標の達成に必要な言語情報や知的技能を探し、実践ではなく研修や個人学習で達成できる目標に変更します。

ここまでの流れを図6.1.1にまとめました。行動目標は図5.2.2と図5.2.3のMDM組織の行動指針の一例、および図5.4.6のMDMの各役割と主な責務を参考に作成しました。リーダー、オーナー、スチュワード、アーキテクトは、同じく図5.4.6の役割を掲載しました。凡例は役割に必要なパフォーマンスの強弱を表しており、◎が必須、○があると望ましいことを指します。学習目標は行動目標を達成するために必要な言語情報や知的技能などを考えて作成しました。学習目標の表現は「○○を見て作成できる」「○○の概略を説明できる」「○○を知っている」とします。

なお、言語情報、知的技能、認知的方略、態度については、後述の学習方法の種類で詳しく解説します。

行動指針	リーダー	オーナー	スチュワード	アーキテクト	学習目標
【行動指針より】 マスターデータの品質と整合性を確保するためのルールや手順を明確にすることができる。	○			◎	【知的技能】 第三者の支援を仰ぎながら基本方針・ガイドラインの作成ができる。 【知的技能】 基本方針やガイドラインの概略を他者に説明することができる。
【行動指針より】 利用者が必要なマスターデータを迅速に取得できるような環境を整備することができる。			○	◎	【知的技能】 ガイドラインを見ながら概念データモデルの作成ができる。 【知的技能】 メタデータの定義とモデルの作成ができる。
【行動指針より】 マスターデータの管理と利用に関する教育やトレーニングを定期的に実施することができる。	◎		○	○	【知的技能】 インストラクショナルデザインを参考に教育全体のデザインと研修設計ができる。
【行動指針より】 マスターデータの利用状況を定期的にモニタリングし、必要に応じて改善策を講じることができる。	○	○	○	◎	【知的技能】 ガイドラインを見ながらデータ品質ガイドラインの指標を作ることができる。
【行動指針より】 マスターデータのセキュリティを確保し、情報漏洩のリスクを最小限に抑えることができる。	○	○	○	◎	【知的技能】 ガイドラインを見ながらデータ項目に対してデータセキュリティレベルを設定することができる。
【行動指針より】 マスターデータの利用に関する問題を迅速に解決することができる。	○		◎	○	【知的技能】 ITILを参考にサービスマネジメントの考え方に基づいてサービス設計ができる。
【行動指針より】 マスターデータの利用者に対して、取得方法や利用方法を明確に伝えることができる。			◎		【知的技能】 メタデータ構造図を読みながら、欲しいデータを伝えることができる。
【行動指針より】 マスターデータの価値を最大化するための新たな取り組みを常に考えることができる。	◎	○	○	○	【態度】 マスターデータの必要性が腑に落ちている。 【言語情報】 業務知識が豊富にある。 【言語情報】 一般的な仮説構築の方法を知っている。

● 図6.1.1　トレーニングゴールの例（次ページに続く）

【行動指針より】マスターデータの利用者からのフィードバックを積極的に取り入れ、サービスの改善に努めることができる。	○	○	◎	○	【言語情報】課題を取りまとめて、Tobeを設計する方法を知っている。
【行動指針より】マスターデータの利用者のニーズに応じた柔軟な対応を心掛けることができる。	◎	○	○	○	【言語情報】データ構造を壊す境界線を知っている。
【責務より】MDMの新たな方針を策定し、マネジメント層に浸透させることができる。	◎				【言語情報】基本方針やガイドラインの改定ルールと周知方法を知っている。
【責務より】データモデルとデータ定義の最終決定ができる。		◎			【知的技能】データモデルとデータ定義を読むことができる。
【責務より】ステークホルダーを招集し、データ要件の取りまとめや意見の調整を行うことができる。	○		◎	○	【言語情報】データ要件に関するファシリテーションのやり方がわかっている。
【責務より】プロジェクトで作成したデータモデルをレビューすることができる。				◎	【認知的方略】演習課題のデータモデルをペアになった相手と見せあって、新たな気付きを得ている。 【言語情報】データモデルのレビュー観点を知っている。

● 図6.1.1　トレーニングゴールの例（の続き）

学習の評価方法

　学習の評価方法は、現状とゴールの行動の差を測定します。必要なツールは行動チェックリストです。行動指針の内容をそのまま使い、5段階評価ができるように作ります。図6.1.2にそのイメージを掲載します。

No.	カテゴリー	行動	評価	コメント
1	業務知識	概念データモデルに必要な業務知識を能動的に獲得している。	レベル1：知識を収集している。 レベル2：担当者に質問している。 レベル3：効率的にインタビューしている。 レベル4：インタビュー内容をデータ定義にまとめている。 レベル5：業務知識を他者に説明できる。	<自己評価> 現在は知識を収集するレベルです。 <上司評価> 積極性は見受けられるので、担当者に質問できる場を作ります。

● 図6.1.2　評価方法の例（次ページに続く）

| 2 | データモデリング | 各データオーナーに管理対象の共通認識を作り続けている。 | レベル1：管理対象の意味がわかる。
レベル2：管理対象の意味から業務のやり方が想像できる。
レベル3：各データオーナーに説明できる。
レベル4：会議を設定しファシリテーションができる。
レベル5：ファシリテーションを通じて抜け漏れている概念を引き出せる。 | <自己評価>
レベル2に到達しているかもしれませんが、想像した内容が合っているのかわかりません。
<上司評価>
レベル2に近づいていると思うが、確かめるためにはオーナーとの会話が必要なので、場を設けます。 |
| : | : | : | : | : |

● 図6.1.2　評価方法の例（の続き）

学習方法の種類

　学習目標には大きく、「知識の獲得（＝言語情報の獲得）」「知識を使った技術の獲得（＝知的技能の獲得）」「他者から学ぶ（＝認知的方略）」「価値観の獲得（＝態度）」があります。学習目標によって、学習方法が変わります。なお、学術的にはR・ガニエが提唱した学習成果5分類を指します。

　言語情報は、本による学習、資格取得、座学中心の研修によって得られます。独学が可能なので、学習者の学習スピードを考慮し、研修設計は非同期型のオンライン学習か、反転学習を前提とした同期型のオンライン学習を選択します。

　知的技能の獲得は、言語情報を活用した演習課題付きの研修、体験学習が挙げられます。独学でできるものもあれば、共同作業が伴う学習もあるので、実務に即した内容で学習方法を選択します。

　認知的方略は、他者のやり方を見て学ぶ方法です。学習方法はOJTやケーススタディになります。実務から学ぶことが多くなるため、実践の場にアサインして、上司の仕事のやり方を目で見て学ぶところからスタートします。振り返りと上司からのフィードバックが重要なため、上司側の時間の確保は必須です。

　態度学習は、価値観や信念といった考え方に基づく習慣を変える必要があるため、内発的動機付けを作る必要があります。いわゆるコーチングの領域です。コーチングによって、潜在的な課題や問題点を引き出して自分自身で気付く必要があります。ここで注意することは上司側が誘導することです。あくまで自分が選択することが大事なので、たとえ間違った選択をしたとして

もある程度は許容します。失敗から学ぶことも多々あるため、上司は見守る姿勢で育てます。また学習者自身も自分が選択した行為に責任をもつ必要があり、上司をはじめ、周りのせいにしてはいけません。自律できるように与えられた学習をするのではなく、自分から学ぶ姿勢で望むことが大事です。

▦ 社会人の学び方

　社会人は学習課題が社会課題、お客様の課題、職場の課題に繋がっていないと学習が進まないと言われています。参考文献として、マルカム・ノールズの『成人教育の現代的実践 ペダゴジーからアンドラゴジーへ』（堀 薫夫、三輪 建二 監訳／鳳書房）をお薦めします。

　また、研修で得られる学習効果は全体の10%で、90%は実務の中で育まれることも解明されています。この前提に立つと、教育作りは研修中心ではなく実務からの学びを共有し合える環境を作ることが答えだと言えます。

▦ MDMの人材育成はデータモデリングスキルで一点突破

　MDMの人材育成のほとんどが「データモデリングスキル」に集約することができます。MDMの実現に必要な主な要素とデータモデリングスキルの対応関係を図6.1.3に示します。

　無理やり当てはめているように思われるかもしれませんが、そうではありません。確かに、データ品質やデータセキュリティは業務要件や会社のルールから導かれるため、データモデリングから導かれることはありません。しかし、データ品質やデータセキュリティの要件やルールを適用させるためには、業務上のデータ制約やデータ構造が明らかになっていないと調整することができません。よって、アプローチとしては、業務上のデータ制約やデータ構造が先にあり、そこにデータガバナンスを効かせたいデータセキュリティやデータ品質などのルールや要件を適用します。

　データモデリングスキルを習得した後は、データマネジメントスキルとしてデータガバナンスや他のデータマネジメントのやり方を習得します。役割の責務に応じて必要なスキルを高め、チームとして活動できるようにもっていきます。

カテゴリー	主な要素	必要なデータモデリングスキル
基盤作り	統合要件	エンティティ・タイプの統合、リレーションシップの調整、データ項目の整理
	データ連携方式	サブタイプ、スーパータイプによる設計
	データモデリング	業務データ構造の可視化と設計
	データ定義	業務データ定義の反映
	データ制約	業務データ制約の反映
	データ移行	データ構造とデータ項目によるマッピング、データ制約による検証パターンの設計
組織作り	データ開発標準	データモデル・データ定義のレビュー観点
	データ品質管理	データオーナーの確定に対する合意
	データセキュリティ管理	サブストラクチャによる整理
	データモデル管理	データモデリングの文法・手順
	メタデータ管理	メタデータ構造の可視化と設計、メタデータ定義の反映

● 図6.1.3　MDMの実現に必要な主な要素と必要なデータモデリングスキル

▓ 一点突破をさらにもう一段階絞り込む

　データモデリングスキルで一点突破を図りますが、さらにもう一段階、育てる人材を絞り込みます。それは、自社にデータモデリングができる、100点の人材をたった一人育てることです。60点の人材を5人育てるよりも、100点の人材を一人ないし二人育てることで、その企業のMDMやデータマネジメント全般の質が各段に上がります。これは筆者が見てきた経験からも言えますが、IDの理論でも認知的徒弟制や正統的周辺参加という社会的構成主義に基づく教育理論からも説明が付きます。

　正統的周辺参加は、一人ないし二人の中心的な人物を基点に中堅、新人とドーナツ状に広がっていく円を想像してください（図6.1.4）。

● 図6.1.4　正統的周辺参加のイメージ

最初は初歩的な仕事をしながら、より熟達している人がこなしている重要な仕事を目で見て学び、覚えていきます。なお、徐々に「周辺」から「中心」の役割を果たすようになっていく姿を学習と捉え、新人であってもその共同体の正規メンバー（＝正統的）であり、周辺部分から徐々に参加度が増していくという意味で「正統的周辺参加」が名づけられました。

　具体的な仕掛けは図6.1.5の通りです。認知的徒弟制の理論を使います。徒弟は師匠の仕事を手伝いながら技術を身に付けるという考え方です。MDMの教育では、まさにインタビューや新規設計といった中心的なスキルを習得する際に一番向いているID理論です。この正統的周辺参加と認知的徒弟制の理論に基づいて、意図的に職場の中に教育環境を作ることがMDMの教育作りで目指すことです。

ステップ	説明	MDMの教育に当てはめると
1. モデリング （modeling）	師匠は徒弟に自分の技を観察させる。	上司は部下に自分のインタビューや新規設計の観察をさせる。
2. コーチング （coaching）	師匠から学んだ技を徒弟に使わせてみる。そしてその様子を観察し、アドバイスを与える。	上司は部下にインタビューや新規設計をやらせてみる。そしてその様子を観察し、アドバイスを与える。
3. スキャフォールディング （scaffolding）	徒弟が行っている作業が実行困難な場合に師匠は一時的支援（足場作り）を行う。	部下が行っているインタビューや新規設計が困難な場合、上司は一時的に支援する。
4. フェーディング （fading）	上達に伴って支援（足場作り）を徐々に取り除く。	部下の上達を観察して、徐々に支援を取り除く。

● 図6.1.5　認知的徒弟制のID理論に基づくMDMの教育作り

▦ MDMの教育作りについて第6章で解説する内容

　データモデリングにおける一点突破の重要性は既に述べた通りです。この第6章では、認知的徒弟制のステップに従って、そのデータモデリングを中心に詳しく解説します。

　ステップ1については、既に4.6（RULE27）と4.7（RULE28）で述べています。本章ではそれを踏まえつつ、ステップ2のコーチングにおけるアドバイスについて、実際の業務で得たデータモデルパターンをRULE39〜RULE41で共有します。さらに、6.5（RULE42）では人材育成の対象者の選定方法や必要なキャリアについて説明し、最後の6.6（RULE43）にはファシリテーターの育成についてまとめます。

取引先マスターのデータモデル
パターンを知る

⊞ 法人とロールを分ける

　お客様の組織階層が図6.2.1の左図のようにピラミッド構造だとした場合、顧客マスターのデータ構造は図6.2.1の右図のように顧客法人と契約先にします。理由は、管理対象として実体が見える法人と契約条件によって概念的に認識している契約先は区別できるからです。なお、契約先は業務上の取引によって顧客を役割で見ていることからロールと言います。

　グループは法人単位となることから、顧客法人として扱います。場合によっては、グループと法人の関係がわかるように顧客法人を階層汎化させます。データモデルで表現するとKEYを顧客法人コード、RKEYを上位顧客法人コードにして、自己参照するリレーションシップを引きます。事業部、部、課は、どの階層で契約を締結するかわからないため、契約先にまとめます。

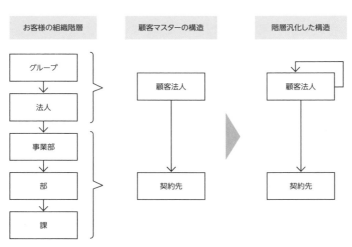

● 図6.2.1　顧客マスターのデータモデルパターン（法人と契約先は区別する）

▚ 整備コストを加味して初期はロールをサブタイプ化しない

　顧客マスターを整理すると、営業は契約相手として受注先というロールを認識、物流は届け先としての出荷先というロールを認識、経理は請求先というロールを認識することがあります。この場合、受注先と請求先が同一部署のケースと異なる部署のケースがあり得ます。また、出荷先は物理的なロケーションをもっており、営業所とは異なる倉庫に届ける可能性があります。倉庫の指定も複数箇所に可能とさせることもあります。

　これらを踏まえると、初期の統合は無理に受注先、出荷先、請求先を共通化する取引先を出すよりも、顧客法人で束ねたほうがマスターデータの整備コストが削減されることがあります。よって、顧客法人から1：Nのリレーションシップを引いて完了です（図6.2.2）。

　なお、業務プロセスの標準化が進むと、ロールのレベルでも統合可能な箇所は統合し、ロールの間で業務ルールに基づいた関係をリレーションシップで表すことになります。

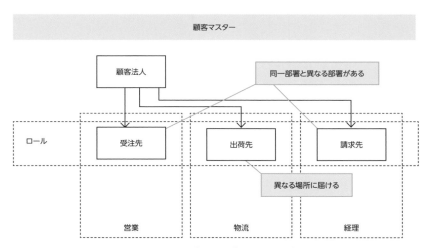

● 図6.2.2　顧客マスターのデータモデルパターン（法人で束ねる）

▚ 法人はサブタイプ化する

　顧客マスターと調達先マスターは財務会計や管理会計の要件により、法人

の粒度で統合するケースがあります（図6.2.3）。例えば、債権債務や与信の管理です。この場合、法人は統合し、サブタイプで顧客法人と調達先法人を分けて、ロール（販売契約や購買契約に伴う契約先）は統合しないケースが多いです。取引相手が固定され、数も少ない場合は統合し、より標準化を目指すことも考えられます。しかし大企業ではそのようにはいかないはずなので、無理して統合する必要はないと考えます。

　なお、このサブタイプは共存的サブタイプと呼び、顧客法人フラグ、調達先法人フラグを取引先法人のデータ項目にもたせて、顧客法人且つ調達先法人のケースにも対応できるようにします。

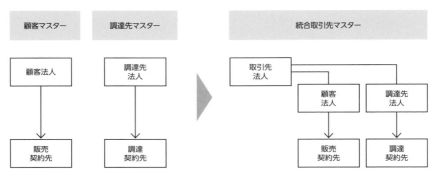

● 図6.2.3　顧客と調達先を統合するデータモデルパターン

▦ 支払先はスーパータイプ化する

　各業務で支払先をもつことがあります。特に、業務委託はほとんどの業務で行っています。これらのマスターは統合されていないことがあり、統一コードをもたせたくなります。しかし、同一の管理対象のコード統一まで行おうとすると、マッチングさせる労力のわりには、その後のメリットが少ないといった問題にぶつかります。

　支払先は経理部門の情報要求です。経理部門の話を聞くとまとめ支払いができればよいだけなので、支払先の法人で束ねれば済むといった結論にいたります。この要件を満たすためには、各業務でもっている口座をいったん経理に集めて、支払先法人と紐付けられれば完了です。法人番号、インボイス登録番号、クレンジングした法人名などを名寄せKEYにして、自動で統合法

人コードを生成することで紐付けが可能となるため、整備する負担は少なくなります。また、画面上でも全ての支払先を表示できるようになるため、何かと便利です。

なお、データ構造はスーパータイプを用います（図6.2.4）。スーパータイプのKEYは、各業務で発番しているKEYの値をそのまま使います。データ項目名はいろいろなコード体系に耐えられるように、業務別支払先コードにします。また、KEY重複を防ぐために、どの業務からもってきたかがわかるような業務区分をKEYに加えます。

支払先法人は、名寄せして生成するのであれば、法人番号、インボイス登録番号、クレンジングした法人名などを使って処理します。名寄せ処理は、名寄せKEYでサマリーします。データモデルでは1：Nの関係が成立している場合、1に対して複数あるという意味をもちますが、Nに対して1があるという意味はサマリーを表しています。

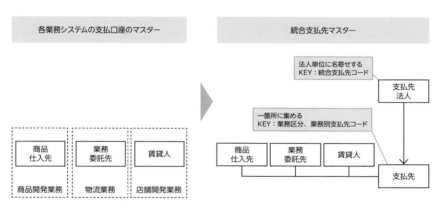

● 図6.2.4　支払先を統合するデータモデルパターン

少し複雑なケース：法人顧客と個人顧客の統合

金融業で多いのが、「法人顧客と個人顧客」「法人顧客の代表者とその家族」「個人顧客とその家族」をミックスした顧客マスターの統合です。

この場合、取引をしている法人顧客と個人顧客はサブタイプ化し、統一コードを採番できるようにします。法人顧客から見ると代表者と複数の取締役が存在し、個人から見ると複数の法人に対して、代表者もしくは取締役を担

うことがあり得ます。また、家族の括り方にもよりますが、親の家族構成とは別に子供の家族構成でも見たい場合、重なる部分（親から見た子供と子供が家族をもった場合の本人など）を認識します。これらは新たな管理対象として、取締役関係や家族関係を捉えます（図6.2.5）。

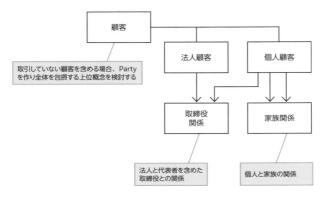

● 図6.2.5　法人顧客と個人顧客を統合するデータモデルパターン

　このデータ構造の前提は、取引をしていない顧客は含まれないという点です。つまり、法人や個人といった個別具体的な実体と同じ粒度であっても、範囲を見ると契約の縛りを受けています。これはロールの概念が入っているのと同じです。よって、取引していない法人や個人も対象とする場合、上位概念の「Party」を管理対象として認識するか確かめます。

　Partyはビジネスの各種取引を行う主体（人や組織）を一元的に管理するための対象を指します。これにより、顧客、従業員、取引先、パートナーなど、ビジネス上の関係者全体を1つの視点から見ることができます。ただし、管理の難易度が上がるため、MDM組織の力の入れ具合で決める必要があります。

Partyとロールの違いを認識する重要性について

　取引先の基本的な考え方は、個別具体的（住所や連絡先があるなど）な人や組織を認識できる「Party」と、取引相手との契約による業務上の「ロール」を区別することです。このPartyとロールの考え方は、社内の組織や社

員に対しても適用されます。

　マスターデータは全業務が参照するため、一度設計したデータ構造はそう簡単には変えられません。いかにして10年、20年先の未来にも耐えられる柔軟なデータ構造を見極めるかが求められます。柔軟さを考えると、Partyは「法人格や個人」、ロールは各業務の取引相手に対応付く「受注先（営業業務）」「発注先（購買業務）」「出荷先や入荷先（物流業務）」「請求先や支払先（経理業務）」といった普遍的な概念と言葉が見つかります。これを標準語にして、サブタイプとして表現します。

▦ 第6章のここまでの「まとめ」

　本節ではあくまで認知的徒弟制におけるステップ2のアドバイスとして、モデルパターンを紹介しました。後述の6.3（RULE40）の商品と6.4（RULE41）の組織についても、アドバイスは同様となります。

　繰り返しになりますが、読者の皆様は4.6（RULE27）のインタビューの着眼点と4.7（RULE28）のデータ統合の着眼点、そしてモデルパターンの学びを参考にしながら、実務でインタビューとデータ定義に注力し、データモデルの文法に即して描いてみてください。多少の間違いがあったとしてもデータ定義を詳細且つ正確に書くことで、データ構造との矛盾を見つけられます。この矛盾を見つけられることが学習上のセルフチェックです。自己学習ではデータモデルとデータ定義を常に照らし合わせながら、進めてみましょう。

商品マスターのデータモデルパターンを知る

▦ 商品分類の粒度を見極める

　商品分類や製品分類はピラミッド型の階層構造をもっています。ここでは小売業の商品分類を例に解説します。商品分類は企業によって若干の違いはあるものの、基本パターンは図6.3.1の通りです。

商品分類	説明
ディビジョン	特定の商品・サービスを担当する部門を指す。
デパートメント	ディビジョンと同じ意味だが、ディビジョンよりも小さな単位
ライン	商品・サービスの開発ラインを指す。 同じブランドやシリーズの単位
クラス	商品やサービスのカテゴリーやグループを指す。
アイテム	個々の商品やサービスを指す。
SKU （Stock Keeping Unit）	在庫管理単位のことで、商品の種類や色、サイズなどを詳細に区別した単位を指す。1つの商品でも色やサイズが異なれば、それぞれ別のSKUとして管理される。

● 図6.3.1　小売業の商品分類

　図6.3.1をデータモデルに表したのが図6.3.2のデータモデルです。複雑な業務を行っていない場合、ディビジョンからアイテムまではカテゴライズしているだけなので、階層汎化することができます。データモデルで表現すると、階層汎化はKEYを商品分類コード、RKEYを上位商品分類コードにして、自己参照するリレーションシップを引きます。

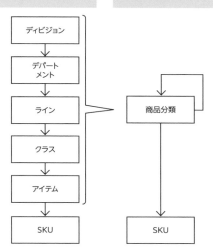

業務上の商品階層

商品マスターの構造

```
ディビジョン
   ↓
デパート
メント
   ↓
ライン      →    商品分類
   ↓                ↓
クラス
   ↓
アイテム
   ↓
SKU              SKU
```

● 図6.3.2　商品階層のデータモデルパターン

⊞ 商品分類のサブタイプを検討する

　レジや発注の制御、商品機能のパターン化など、複雑な業務を遂行している大企業の小売業では、各商品分類で属性項目の違いが出ます。このケースでは、階層汎化せずに業務上の商品階層と同じ形でデータモデルを作るか、コードは統一してサブタイプを作ることになります（図6.3.3）。

　階層汎化にしない場合は、それぞれのエンティティ・タイプに対して「ディビジョンコード、デパートメントコード、ラインコード、クラスコード、アイテムコード」を単体KEYで設計します。しかし、現状業務の認識として、デパートメントは「ディビジョンコード＋デパートメントコード」、ラインなら「ディビジョンコード＋デパートメントコード＋ラインコード」のような複合KEYになっている場合があります。基本的には、新規設計では柔軟性を考慮し、関連リソースを除いて単体KEYの無意味連番を採用します。

　業務上の認識として複合KEYのルールがある場合は、代替KEYで表します。KEYの原則は3.7（RULE19）で解説した通り、値の変更ができません。よって、もしアイテムのカテゴライズを変えて別のクラスに所属させたい場合、一度削除してから改めて登録し直す必要があります。この操作が煩雑さ

を生み、ミスや削除漏れによるデータ品質の悪化に繋がることになります。

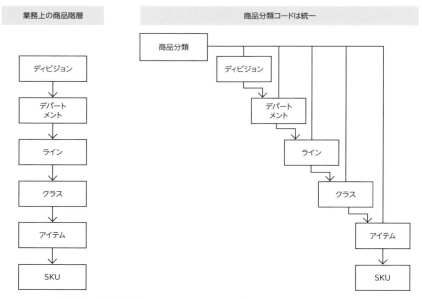

統合は業務側の標準化で決める

　M＆Aによる同一業態の吸収合併の場合、商品分類を統一したい要件が出てきます。ところが、範囲と粒度の違いで簡単にはいかないケースがあります。

　図6.3.4をご覧ください。北急ストアが北武雑貨に吸収合併されたケースです。北武雑貨はインテリア雑貨とキッチン雑貨を扱い、旧北急ストアはキッチン雑貨と生鮮食品を扱っています。発番範囲はキッチン雑貨が共通ですが、インテリア雑貨と生鮮食品は異なります。発番粒度は業界標準と照らし合わせると、双方とも管理対象として認識していないカテゴリーがあります。また、北武雑貨と旧北急ストアの間でも粒度に差があります。

　このことから、仮にエンティティ・タイプは統合できたとしても旧北急ストアの生鮮食品用のクラスの新設、北急ストアのディビジョンの定義の見直し、サブアイテムの廃止といった判断が必要です。**データ品質の観点から正**

確性に問題が生じるリスクがあるため、業務側で商品分類の範囲と粒度の標準化を図る必要があります。それができないのであれば、無理してエンティティ・タイプを統一する必要はありません。また、会社コードをKEYに入れて統一化を図るアイデアもありますが、値に対する統一的なルールが決められていない以上、意味がありません。

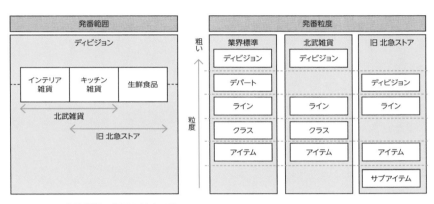

● 図6.3.4　商品分類の範囲と粒度の違い

▦ 商品機能の統合は難しい

　製造業なら取り扱い製品が限られているため、機能の統一化は可能ですが、小売業のように無限大に近い商品を扱う場合、機能を細分化し共通機能と個別機能に分けて整理することは難しいです。

　クラスの粒度で商品機能の種類を固定化し、標準化するアイデアはありますが、現実的には、クラスでは所属する商品が異なり過ぎて、商品機能の種類を固定化することができません。アイテムまで粒度を詳細化することで機能の種類を固定化することは可能となりますが、今度は逆にアイテム数が多くなり過ぎるため、管理負荷が高くなります。

　現実解は、ECサイト上の商品比較をできるようにビジネス施策が謳われない限り対応しません。将来を見越して、機能の種類を柔軟に増やせるようにマルチレイアウトテーブル（複数のレイアウト（型や桁など）を持つテーブル）にします（図6.3.5）。

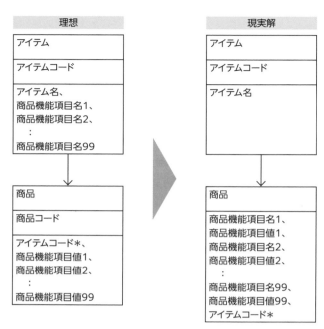

● 図6.3.5　商品機能の整理

商品構成は商品と商品の組み合わせ

　小売業ではセット商品を販売するケースがあります。セット商品とは、異なる複数の商品をセットにして、新たにセット商品として販売することを指します。製造業では品目構成やBOM（Bill of Materials）に当たります。

　セット商品は商品と商品の組み合わせです。組み合わせた単位ごとにセット商品の内訳に当たる数量をもたせます（図6.3.6）。

イメージ図		テーブル格納イメージ			データモデル

商品

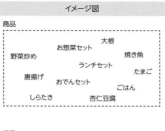

商品

商品

商品コード	商品名
10001	お惣菜セット
10002	ランチセット
10010	野菜炒め
10020	おでん
10021	しらたき
10030	ごはん
・	・

商品

親商品コード	子商品コード	構成数量
10001	10010	1
10001	10020	1
10020	10021	2
・	・	・
10002	10010	1
10002	10030	1
・	・	・

● 図6.3.6　商品構成のデータモデルパターン

組織マスターのデータモデル
パターンを知る

⊞ 組織の性質

　組織は通常、階層構造をもっています。事業、業務分類、地域による分割
と展開は、階層構造の中に織り込まれています（図6.4.1）。

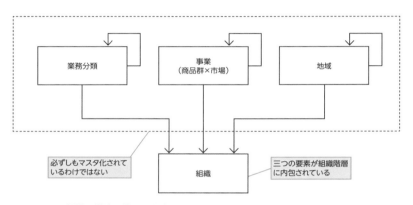

● 図6.4.1　組織の構造を決める要素

　組織は目的によって捉え方が異なります。基本的には業務の視点、人事の
視点、会計の視点があります。業務の視点は、販売、物流、生産などの業務
およびその業績評価を行うための組織の捉え方をします。人事の視点は、配
属、査定を管理するための組織の捉え方をします。会計の視点は、予算、原
価、利益を管理するための組織の捉え方をします。

⊞ 階層汎化と組織区分で組織構造を柔軟に表す

　統一された組織の管理には、組織区分と階層汎化がポイントです。組織区
分は組織の種類を識別します。支社、支店、部課、工場、倉庫の識別です（図
6.4.2）。階層汎化は不特定多数の階層を表します。

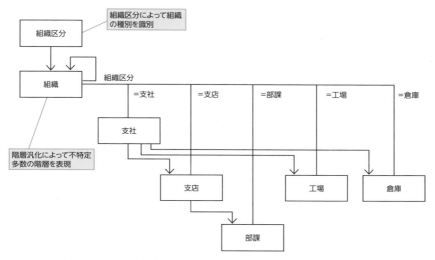

● 図6.4.2　組織のデータモデルパターン

組織データの管理における現実

　管理したい組織の範囲と粒度が業務ごとに異なり、必ずしも一元的に管理されていないことがあります。例えば、会計システムでは予算を握っているという理由で、役職者個人が登録されている場合があります。これらはデータ品質のガバナンスが効いていないことによる問題です。

　また、費用の負担部署を管理するために人事的な組織と異なるものが組織として登録されています。これは組織の種類が異なるため、何らかの方法で識別する必要があります。

▦ 場所の概念も含まれることが多い

　物流業務で認識できる管理対象は、モノを運ぶときの起点と終点を示す場所、モノを保管する場所があります。いずれも物理的な位置（所在地）が決まっています。

　組織との違いは、場所には階層構造という概念がないことです。また場所は人の配属先とはなりません。しかし、人が配属されている場所は、組織と

の重なりが多いのも事実です。組織と場所の重複する部分に対して「拠点」という用語を使う場合もあります。

　これらを踏まえると、倉庫のような場所はその担当組織とほぼ一体になるので、多くの企業では組織として管理しています。また、場所と組織は必ずしも一致しないものの多くの重なりがあるため、組織の変更は場所の変更にも波及します。データモデルで表すと図6.4.3のようになります。

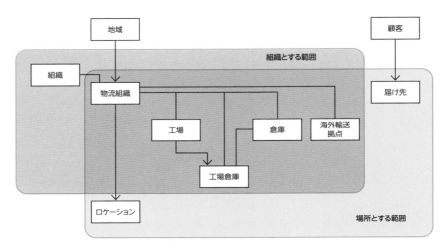

● 図6.4.3　組織と場所のデータモデルパターン

捉え方の異なる組織のデータモデル

　冒頭で述べた業務の視点、人事の視点、会計の視点によって異なる組織階層を必要とした場合のデータモデルを図6.4.4に示します。

　組織エンティティ・タイプを用意し、共存的サブタイプとして、人事用、会計用、物流用、……と分けて表します。組織エンティティ・タイプに人事フラグ、会計フラグ、物流フラグ、……といったフラグをデータ項目としてもち、一つひとつの組織に対してロールを明示します。

　切り出したサブタイプは、それぞれの階層関係を管理できるように階層汎化させます。KEYは組織コード、RKEYは上位組織コードにして自己参照するもち方にします。それぞれにもたせるため、修飾語を付けて、人事組織コード、人事上位組織コード、会計組織コード、会計上位組織コードのように

します。値は同じものを指していますので、同一対象に対して同一のコード値を設定するルールは守られます。

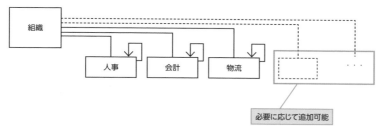

● 図6.4.4　異なる組織階層を管理するデータモデルパターン

人材育成の対象者と
その方法を決める

▦ 人材育成の対象者の決め方

　MDM組織の立ち上げ時には、業務に即した概念データモデルを作成できる社員が少ないのが現状です。20年前ならばIT部門の社員がこの役割を果たしていましたが、現在ではIT部門の社員でさえもこのタスクに苦労しています。これは、コスト削減のために本来社員が行うべき作業を外部に委託してしまった結果です。しかし、今日ではデータ活用の推進が求められ、概念データモデリングの内製化が必要とされています。概念データモデリングという言葉を使わなくても、「データ項目の意味を理解する」「データを統合する」「データの存在を把握する」といったデータ活用推進に必要な施策が求められているはずです。

　人材育成を考える場合、学習者がこれから学習するための入り口に立っているのか判断する必要があります。一般的には前提条件を決めて、前提条件を評価するためのテストを行います。テストといっても学校教育で行われるようなペーパーテストだけではなく、実技での評価やアンケートだけの確認もあります。

　MDMの人材育成の場合、概念データモデリングの素養をチェックします。素養としては、図6.5.1の通りです。役割を果たすために必要な素養に○を付けています。この○に対して、例えば8割以上であれば、その役割に対して素養があると判断します。

　なお、○をプロットした観点は、5.4（RULE35）の図5.4.6の役割の定義を参考にしています。本来は全役割共通の素養となりますので、最終的には全てを達成する必要がありますが、入り口の素養としては、この図を参考にしてください。

素養	チェック方法（例）	リーダー	オーナー	スチュワード	アーキテクト
哲学が好きで本質を突き詰めることが得意	なぜ、マスターデータは大切なのか？				○
法律、ルールの成り立ちを紐解くことが好きで、必要性を理解している。	共通コードを守らせるルールがあるが、なぜか？	○			
日常生活において整理整頓が好きで、綺麗な状態を維持することに価値を感じている。	自宅の部屋や洋服ダンスは整理されているか？フォルダやデスクの観察				○
業務課題を見つけて改善することが好き。	自社の業務課題は何か？それに対する解決案はあるか？	○		○	
地図を読むのが得意で、図面に価値を感じている。	図面は何のためにあるのか？				○
業務フローや関連図など、全体像を把握することが好き。	バリューチェーン業務と財務会計業務の繋がりはどうなっているのか？	○			○
ルールや規程、定義といった文章を記述することが得意である。	自社の顧客を定義すると、どのような定義文章になるのか？			○	
他者の考えを引き出すコミュニケーションが得意である（傾聴力）。	他者から業務内容を確認する場合、どのような質問をするか？	○	○	○	○
他者を敬って自分の意見を述べる大切さを感じている。	自分の意見を主張するときに気を付けていることは何か？	○	○	○	○
共通言語の獲得や標準化の重要性を理解している。	なぜ共通言語と標準化が必要なのか？	○	○	○	○
認知科学、分析哲学、言語学、集合論といった人の認知に興味がある。	会議をしていても認識の齟齬や意見の対立が生じるのはなぜか？				○
業務知識を整理する技術に興味がある。	業務知識を整理する方法は何があるか？			○	
データ中心で物事を考えることができ、業務とシステムの橋渡しになることに理解がある。	データを基点に業務やシステムの在り方を考えるにはどうすべきか？	○			○

● 図6.5.1　概念データモデリング素養チェック一覧

▦ 入り口で求められる役割ごとの主なキャリア

社内で公募する場合、それぞれどのようなキャリアを積んだ人が望ましいかを図6.5.2で示します。

役割	主なキャリア	キャリアタイプ
リーダー	・システム開発経験がある。 ・システム開発PJTリーダーの経験がある。 ・システム企画、業務要件定義の経験がある。 ・ERモデルやテーブル、SQLの理解がある。 ・業務サイドとして業務改革PJTでの業務改善の経験がある。 ・経営サイドとして経営企画室でのデータ活用の経験がある。 ・経営者の近くで仕事をしていたことがある。	経営・管理寄り
オーナー	・システム開発の要件定義に参画して最終責任者としての経験がある。 ・各業務とマスターの登録調整を経験している。 ・マスターの登録業務の経験がある。 ・仕入先や顧客などの外部との取引やリソース整備系業務の経験がある。	業務寄り
スチュワード	・システム開発経験がある。 ・システム開発PJTのサブリーダーの経験がある。 ・業務要件定義の経験がある。 ・データ定義の作成経験がある。 ・ERモデルやテーブル、SQLの理解がある。 ・業務側の仕事の経験がある（全てではない）。 ・マスターデータの登録業務の経験がある。	IT3割・業務7割
アーキテクト	・システム開発経験がある。 ・システム開発PJTサブリーダーの経験がある。 ・業務要件定義の経験がある。 ・データモデリングの経験がある。 ・DB実装経験やSQLの操作経験がある。 ・データ定義の作成経験がある。 ・システム保守の経験がある。	IT寄り

● 図6.5.2　入り口で求められる役割ごとの主なキャリア

⬛ 人事評価

　MDMの組織に専任または兼任で関与する場合、その業績を人事評価の項目に含めることが望ましいです。しかし、現実的には人事部が業務ごとの評価基準を作成することは難しいため、MDM組織で評価項目を設定し、それを人事評価の際に考慮する形で運用します。

　この問題は現在、多くの企業が直面しており、最適な解決策はまだ模索中です。一部の企業では、専門職を設けて独自の評価基準を作成していますが、これは情報システムの子会社やデータ活用を専門とする企業など、特殊なケースに限られます。

　多くの企業では総合職として評価され、その基準に基づいて人事評価が行われます。MDMの活動評価は組織全体で行われ、業績に応じて報酬を分配するアプローチを採用しています。

人事評価が不明確であると、社員のモチベーションが低下する可能性があるため、この問題はリーダーが設計し、人事部や経営層と協議を行う必要があります。

COLUMN
無料でデータモデリングスキルを評価する方法

データモデリングのスキルを無料で評価する方法は、IPAのデータベーススペシャリストの午後1と午後2の過去問と解答が無料で公開されているので、概念データモデリングの問題を選択するとよいです。実際に幅広い業種の業務知識を得ることができるため、勉強になると思います。

COLUMN
標準化の意味

筆者の師匠でもある椿氏は、サイエンス（科学）とエンジニアリング（工学）の違いを次のように述べています。

- サイエンスは公理・定理をもって物事が決まる
- エンジニアリングは「サイエンス＋経験」によって決める

サイエンスは「決まる」でエンジニアリングは「決める」とあります。エンジニアリングは、決めるための「判断」が伴うため、分析者によって差が生じることを述べています。つまり、属人的な差が生じるため、この差を埋めることが標準化であると述べています。

データモデリングの世界は、決まったことに対して図面に表現する点はサイエンスです。なぜなら、作法があるからです。一方、データのもつ業務的意味を捉えて、個人の認識から共通認識へ作り上げていく過程は標準化そのものであり、エンジニアリングです。

この点を踏まえ、MDMにおけるデータモデリングとそれを維持するためのマネジメントの意味を捉えると、何を大切にすべきか自ずと見えてくると思います。

MDMファシリテーターの
トレーニング方法を知る

▦ ステップ1：業務のやり方を押さえる

　最後は、MDMで最も重要なスキルでもあるファシリテーターとしての人材育成で締めくくります。ファシリテーターはリーダー、データスチュワード、データアーキテクトの共通スキルとなりますが、特にデータアーキテクトに求められるスキルです。

　ファシリテーターを育てるためには、圧倒的な業務知識が必要です。ここで言う業務知識とは、業務のやり方、業務ルール、業務用語、業務フロー、業務機能、業務入出力項目の意味、概念データモデルなどです。最初から、これだけの量を押さえるのは大変だと思いますので、あえて1つに絞るなら、業務のやり方を理解するとよいです。

　例えば、受注業務と出荷指図業務があった場合、出荷指図業務のやり方としては「営業が受注内容をもとに在庫引き当てを行い、配送センターに出荷指図を行う」「1件の受注に対して分割出荷をするケースがある」といった内容です。また、データ項目から深掘りすることもあります。例えば、商品に輸入区分をもっていた場合、「その他がありますが、どういう意味でしょうか？」「そもそも輸入のやり方を教えてもらえないでしょうか？」といった内容で深掘りします。

▦ ステップ2：仮説のデータモデルを作る

　得られた業務知識を使って、仮説の概念データモデルを作成します。業務のやり方や業務フローを思い浮かべながら作成し、疑問点は、コメントとして残しておきます。

▦ ステップ3：インタビューに臨む

　インタビューでは、仮説で作った概念データモデルを頭に入れながら、管

理対象とリレーションシップを確認していきます。「普段どのように業務を行っていますか?」「ここで言う〇〇という言葉はどういう意味で、普段業務の中でどのように使っていますか?」といった聴き方をします。あくまで現場担当者の視点に立って、業務を理解するつもりで、インタビューします。慣れてくると話を聴きながらその場でデータ構造が作れるようになります。

インタビューは3回実施し、1回当たりのインタビューは1時間とします。1回目は概観を掴むために業務のやり方と業務の流れを話して、理解したことに問題がないかを確認します。その上で、入出力サンプルを用いながら、主要な業務入出力（＝画面サンプル）に対して、KEYとKEYの発番範囲・発番粒度を確認します。インタビューの中で「その業務は何のためにやっているのでしょうか?」「何に役立つのでしょうか?」「普段使っている画面でしょうか?」「本当はどう思っていますか?」といった、業務改善に繋がりそうな話も併せて確認します。

2回目は入出力項目を一つずつ確認します。特に、タイプリソースに関係しそうな区分やフラグの意味を優先的に確認します。2回目が終了した時点で、これまでの理解を整理するために概念骨格データモデルで表現します。疑問点をメモし、これを3回目に確認します。

3回目はこれまでの復習と細かい点検を行います。また、用語や組織の役割、役職といった業務機能の整理にも繋がる情報も引き出します。標準的なデータモデルを考える際は、ビジネス構造の綺麗な姿（漏れなくダブりなく）をベースに作成します。実際の組織や業務機能の括り方は変えられなかったとしても、机上では綺麗にすることができます。それをもとに概念データモデルの配置やエンティティ・タイプの切り出し方を検討します。そのために業務機能の整理に使えそうな情報も確認します。

Point! ファシリテーターのトレーニング方法

- 上司はここで挙げたことを部下に経験させるためのJOBを用意する
- 部下はここで挙げたことを職場のワークショップで経験する
- ファシリテーターの心得は「管理対象の定義」に執着する
- インタビューや検討で困ったら管理対象の定義を読み合わせる

教育とは学習環境を構築することであり、学習目標（ゴール）、評価方法、学習方略（研修、自己学習など）を用いて、教育全体の設計が必要であることを理解している	✓	6.1（RULE38）
MDMの教育作りは、指導者がインタビューとデータ定義の機会を与え、アドバイス、足場作り、足場外しのタイミングを見極めて、自律させることを理解している	✓	6.1（RULE38） 6.2（RULE39）
データモデルパターンは、指導者のアドバイス的な位置付けであることを理解している	✓	6.2（RULE39）
取引先なら法人とロール、商品ならカテゴリーと機能、組織なら様々な組織階層といった着眼点について、腹落ちしている	✓	6.2（RULE39） 6.3（RULE40） 6.4（RULE41）
MDMの人材育成のコアスキルとして、概念データモデリングがあることがわかり、概念データモデリングができる素養が何かがわかっている	✓	6.5（RULE42）
MDMのファシリテーターのトレーニング方法は、業務のやり方を理解することに注力し、仮説を持ちながら、インタビューで実践を積む必要があることを理解している	✓	6.6（RULE43）

おわりに

ここまで、本章を読んでいただき、ありがとうございました。

DXを成功に導くマスターデータマネジメントの旅はいかがでしたか？

2021年12月に『DXを成功に導くデータマネジメント データ資産価値向上と問題解決のための実務プロセス75』を刊行してから2年が経過し、組織作りや教育作りの事例が増えてきました。そこで本書には、この2年間の進展も踏まえた組織作りと教育作りの考え方と、進め方のエッセンスを入れました。データモデリングについては、データ総研が1985年に創業してから培ってきたノウハウの中でも、現在でも使えるものを選定し、筆者の経験も踏まえてアレンジして紹介しました。

執筆にあたり筆者が強くこだわった点は、読者の皆様に「管理対象」と「関係」をきちんと理解していただくことでした。さらに、MDMの「M：マスター」と「M：マネジメント」は何かについても、定義として理解していただくことにこだわりました。理由は、これらの定義が曖昧だと、システム基盤作り、組織作り、教育作りの全ておいて、中心となる考え方が揃わないことによる知識の整合性を危惧したためです。ここでいう知識の整合とは、システム基盤作りの知識、組織作りの知識、教育作りの知識のそれぞれが矛盾なく整合していることを指します。これは従来のシステム開発のMDMにはない領域の知識と融合する必要があったため、より上位の考え方を支える定義が必要でした。

MDMは共通認識を作り、組織が一体となって同じベクトルを作ることが強く求められます。このことから、MDMの推進リーダーはファシリテーション力を必要とします。良いファシリテーションを行うためには、業務を理解し、業務で認識している対象を先取りして、データオーナーの先導役になる必要があります。この点からも、管理対象、関係、MDMの定義が重要であると考えました。第2章と第3章は一見するとMDMよりも幅広い話に感じたかもしれませんが、このような意図により深掘りして解説しています。

第4章と第5章は、より現実に即したシステム基盤作りと組織作りの進め方を中心に解説しています。MDMの実現にあたり、少しでもハードルが下が

ることを目的に理論重視ではなく、ストーリー重視にしました。現実解を示すことで、読者の皆様がご自身の実務に置き換えた際に、無理せず実行できることを目的としました。MDMは長期視点が求められることから、どうしても理想的な考えを取り入れた活動になりやすくなります。それが失敗につながるケースを多く見てきたため、本書では絶対に外せない理論のみを紹介し、それ以外は現実解にフォーカスしました。

　第6章は、インストラクショナルデザインという理論を前提に、「学習環境を用意するとはどういうことか」を考えるところから始めました。内製化を考えると自律型人材育成は外せないため、考え方が必要であると思ったからです。

　教育作りは経営レベルの話でもあります。リーダー層の皆様は、教育作りを企画することを目的に、本書を読み進めていただければと考えています。データモデルパターンについては、第4章と第5章の現実解では紹介できなかった内容として、最低限知っておいていただきたい代表的なパターンを紹介しました。締めくくりとしては、やはりファシリテーターが内製化の肝となるため、簡単にファシリテーターの育て方について紹介しています。

　MDMはデータの整備だけでなく、人が絡んでくるため、調整力やコミュニケーション力が求められます。この点が難しいと感じられる方も多いのではないかと思います。また、MDMはビジネス効果が見えにくいのも難点です。しかし、向こう10年、20年先に通じるマスターデータの基盤を構築していると考えれば、とてもやりがいのある仕事だと思います。本書の読者の皆様が取り組むMDMの実現を、心より願っております。

　最後に、本書を執筆するにあたり、データ総研の平野 祐也さんには、はじめにの地図、第3章、第4章の図表作成をサポートしていただきました。この場を借りてお礼を申し上げます。

2023年12月　データ総研　伊藤 洋一

■ 索引

著者プロフィール

伊藤 洋一 (いとう よういち)

株式会社データ総研　シニアコンサルタントマネージャー
エグゼクティブ・シニアコンサルタント
IPA 独立行政法人 情報処理推進機構 情報処理技術者試験委員
熊本大学大学院 教授システム学専攻(教授システム学修士)

2002年にIT業界への道を踏み出し、情報システムの企画から開発、保守、運用までを一通り経験。22年間のIT業界経験を通じて、全ての業種がデータマネジメントに問題を抱え、それが社会問題へと発展していることを確認した。この課題を解決するため、企業内でデータマネジメントが可能な人材を育成することが必要だと考え、2018年にデータマネジメントスクールを本格的に運営開始。これまでのデータモデリング教育を含め、15,000人以上の人材を育成してきた。

これまでに、小売業、金融業(銀行、保険)、サービス業(インターネット、人材派遣、広告、不動産、教育)、製造業、医薬業、建設業、公共インフラ、官公庁、情報通信業など、30以上のプロジェクトを支援してきた。現在は、システム基盤の構築、組織作り、学習環境作りといった経験を活かし、データ活用を推進する広義のデータマネジメントの組織作りに取り組んでいる。

著書:『DXを成功に導くデータマネジメント データ資産価値向上と問題解決のための実務プロセス75』(翔泳社／共著)

装丁デザイン	坂井デザイン事務所
装丁イラスト	iStock.com / NK08gerd
本文デザイン・DTP	ケイズプロダクション

DXを成功に導くマスターデータマネジメント
データ資産を管理する実践的な知識とプロセス43

2024年1月26日　初　版　第1刷発行

著　　　者	データ総研（でーたそうけん）・
	伊藤 洋一（いとう よういち）
発 行 人	佐々木 幹夫
発 行 所	株式会社翔泳社（https://www.shoeisha.co.jp）
印刷・製本	株式会社加藤文明社印刷所

ISBN978-4-7981-7888-2　Printed in Japan